铁路基础设施综合维修·病害整治

戴成新　郑　磊
黄小根　胡志刚　主编

中国铁道出版社有限公司
2021·北　京

内 容 简 介

本书根据铁路工电供一体化综合维修需要，采用文字与现场图片相结合方式，总结线路、信号、牵引供电设备病害的产生原因及整治方法等内容。

本书可以作为铁路职工培训、日常学习参考用书，亦可作为轨道交通院校相关专业培训参考资料。

图书在版编目(CIP)数据

铁路基础设施综合维修. 病害整治/戴成新等主编. —北京：中国铁道出版社有限公司，2021.4

ISBN 978-7-113-27639-3

Ⅰ. ①铁… Ⅱ. ①戴… Ⅲ. ①高速铁路-基础设施-维修 Ⅳ. ①U238

中国版本图书馆 CIP 数据核字(2021)第 050082 号

书　　名：**铁路基础设施综合维修 · 病害整治**
作　　者：戴成新　郑　磊　黄小根　胡志刚

策　　划：邱金帅
责任编辑：邱金帅　　　　**编辑部电话**：(010)51873347
封面设计：郑春鹏
责任校对：焦桂荣
责任印制：高春晓

出版发行：中国铁道出版社有限公司(100054，北京市西城区右安门西街 8 号)
网　　址：http://www.tdpress.com
印　　刷：国铁印务有限公司
版　　次：2021 年 4 月第 1 版　2021 年 4 月第 1 次印刷
开　　本：880 mm×1 230 mm 1/32　**印张**：7.5　**字数**：200 千
书　　号：ISBN 978-7-113-27639-3
定　　价：40.00 元

前　言

线路、信号、牵引供电设备作为铁路运输的基础设施，是确保铁路运输安全、稳定、高效的重要技术设备。长期以来，线路、信号、牵引供电设备分别由工务、电务、供电部门负责维修管理，生产组织模式“单打一”。为了解决三个专业生产组织模式“单打一”问题，打破传统的单专业维修管理模式，优化运输生产资源配置，强化现场作业控制，实行工务、电务、供电“三位一体”综合维修管理模式是铁路深入改革的必然趋势，打破专业界限壁垒，提高基础设施综合维修质量和劳动效率，进一步推进维修体制改革，实现各专业优势互补、相互促进、共同提升。

根据铁路工电供一体化综合维修需要，打破专业界限，结合现场实际情况组织编写了铁路基础设施综合维修方面图书，主要介绍安全管理知识，线路、信号、牵引供电设备基础知识，线路、信号、牵引供电施工维修作业要求，病害产生原因及整治方法等。铁路基础设施综合维修分为《基础知识》《综合知识》《维修作业》《病害整治》四分册。

《基础知识》，阐述铁路安全管理，简要介绍线路及轨旁设备、道岔及转换设备、牵引供电设备的基本要求、结构组成。

《综合知识》，综合叙述线路及轨旁设备、道岔及转换设备、牵引供电设备各组成部分的构成、主要作用及工作原理。

《维修作业》，归纳线路、信号、牵引供电设备施工维修作业的要求和注意事项。

《病害整治》，总结线路、信号、牵引供电设备病害的产生原因及整治方法。

铁路基础设施综合维修方面图书图文并茂，采用文字与现场图片相结合方式，加深读者对设备结构、病害情况的了解。本系列图书可作为职工培训、日常学习参考用书，亦可作为轨道交通院校相关专业培训参考资料。

铁路基础设施综合维修方面图书由戴成新、郑磊、黄小根、胡志刚担任主编，郑丽华、安彦坤、王涛担任副主编。在编写过程中，由于参考了大量的文献资料，涉及作者太多，不能在此一一列举，特向原作者表示歉意，并表示感谢。

因编写时间仓促，书中难免存在错误，对于书中错误之处敬请读者批评指正。书中内容如果与现行规范不一致，请以现行规范为准。

编　者

2020 年 3 月

目　　录

第一章　道岔工电设备病害

道岔工电设备病害主要发生在转辙部分、可动心轨部分，由于转辙部分、可动心轨部分结构复杂，道岔转换设备安装在尖轨、基本轨、可动心轨、翼轨或岔枕上，设备之间相互影响，日常作业需要工电双方共同合作，共同整治结合部病害。

第一节　病害原因分析

分析尖轨、可动心轨在转换过程中的受力状态来看，减小道岔转换阻力是工电联合整治道岔的目标之一。本节从分析反弹、卡阻、爬行、松动、离缝等现象入手，找出原因，有针对性地采取整治措施，克服道岔工电结合部病害的发生，避免或减少对行车安全的影响。

一、反　　弹

反弹主要是指尖轨、可动心轨处于自由状态靠向基本轨、翼轨时，出现的刚性反弹。反弹量少则几毫米，多则十几毫米，甚至更多。这种反弹现象主要有两种情况，一种是指尖轨、可动心轨尖端先于第一连接杆与基本轨、翼轨密贴；另一种是指尖轨、可动心轨在第一连接杆后竖切密贴部分先于尖轨、可动心轨尖端与基本轨、翼轨密贴。

1. 原因分析

(1)内锁闭道岔尖轨框架组装不符合标准。尖轨拉杆或连接杆的长度不符合安装标准及安装位置错误，为了调整尖轨密贴，单转辙机的道岔只把尖轨尖端第一拉杆的接头铁进行夹片，没有对其他连接杆接头铁进行夹片；双转辙机道岔只是把转辙机动作杆相连接的拉杆接头铁进行了夹片，没有对其他连接杆进行夹片，使尖轨框架内部产生应力，在道岔振动时产生反弹。

（2）基本轨轨距（框架尺寸）、翼轨框架尺寸、曲基本轨弯折点尺寸不符合标准，如图1—1和图1—2所示。直基本轨不直，曲基本轨在尖轨刨切范围内存在向内矢度。

图1—1 基本轨框架尺寸检查

图1—2 曲基本轨弯折点不良

（3）间隔铁型尖轨跟端过死，双头螺栓损坏或不标准，间隔铁孔眼大，造成双头螺栓不起作用、接头夹板内侧磨耗、尖轨跟端距离尺寸小于标准尺寸，在尖轨顶铁的影响下，导致尖轨尖端在道岔振动时产生反弹，如图1—3和图1—4所示。

图1—3 双头螺栓磨耗

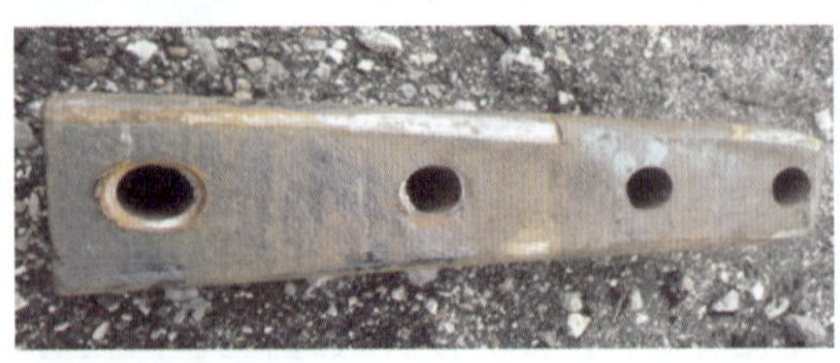

图1—4 间隔铁孔眼大

(4)尖轨、可动心轨中后部滑床板过硬,造成尖轨、可动心轨在转换时后部转换不到位,再次扳动道岔时尖轨、可动心轨产生反弹,如图 1—5和图 1—6 所示。

图 1—5　尖轨中后部滑床板过硬

图 1—6　可动心轨中后部滑床板过硬

(5)尖轨存在侧弯,扳动时尖轨与基本轨不同时密贴,尖轨尖端最后密贴,再次扳动时尖轨产生反弹,如图 1—7 所示。

图 1—7　尖轨侧弯

(6)可动心轨存在侧弯,扳动时可动心轨密贴范围内与翼轨不同时密贴,可动心轨尖端最后密贴,再次扳动时可动心轨产生反弹。18 号(不含 18 号道岔)以上无缝道岔一般铺设于列车侧向通过速度较高的线路所或是车站,可动心轨辙叉的长短心轨同时受直股和曲股连接无缝线路温度力的影响,两股钢轨伸缩量不同时,长短心轨会产生不均匀爬行,导致心轨侧弯,特别是位于主干线或直股侧心轨的伸缩量比次要干线或曲股侧心轨的伸缩量要大。

(7)道岔在温度力、钢轨伸缩位移影响下,尖轨与基本轨、可动心轨与翼轨间受间隔铁、限位器影响，尖轨、可动心轨跟端至最后拉杆之间受力形成侧弯，如图 1－8 所示。

图 1－8 限位器卡阻形成侧弯

(8)拉杆、连接杆与接头铁的连接销锈蚀或螺栓过紧，形成整体框架，尖轨扳动时转换不灵活，如图 1－9 和图 1－10 所示。

图 1－9 联结螺栓过紧

图 1－10 连接销锈蚀

(9)道岔密贴调整不当、密贴过紧。日常调整密贴时，电务现场作业人员调整试验 2 mm/4 mm 后再紧固备帽螺丝的习惯，容易导致道岔密贴过紧，在道岔转换过程中发生反弹，如图 1－11 和图 1－12 所示。

(10)尖轨、可动心轨顶铁过长或顶铁夹调整片过多，致使尖轨、可动心轨中后部受顶铁过长影响形成侧弯，在道岔扳动时产生反弹，如

图 1—13 和图 1—14 所示。

图 1—11　试验 2 mm/4 mm

图 1—12　紧固备帽螺丝

图 1—13　可动心轨顶铁过长

图 1—14　尖轨顶铁过长

(11)防跳限位装置调整不当,使道岔斥离尖轨轨底边缘与铁卡接触,在道岔振动时产生反弹,如图 1—15 所示。

图 1—15　斥离尖轨轨底边缘与铁卡接触

2. 影响分析

(1)道岔反弹力大,加上列车碾压、振动产生的横向力,容易使转辙机挤切销或尖端铁与道岔表示杆连接销折断。

(2)电机齿条块与齿轮啮合过紧,道岔容易产生不解锁现象,电机有电不转换。

(3)道岔密贴杆与表示杆在转换时不同步,受列车碾压、振动影响,表示杆缺口容易发生变化。

(4)尖轨与基本轨、可动心轨与翼轨不密贴有缝隙。

二、卡　　阻

卡阻主要是指尖轨、可动心轨在轨换过程中受到与之相关联设备或其他原因影响,发生无法转换或转换不到位的情况。

1. 原因分析

(1)尖轨、可动心轨滑床板台面磨耗严重、滑床板严重变形,基本轨与滑床板不落槽、尖轨底部刨切不好引起转换卡阻,如图 1—16 所示。

图 1—16　台面磨耗

(2)尖轨、可动心轨滑床板脱焊、折断产生错位、翘起,引起转换卡阻,如图 1—17 和图 1—18 所示。

(3)尖轨、可动心轨滑床板台面缺油锈蚀造成转换阻力增大,引起转换卡阻,如图 1—19 所示。

(4)尖轨滑床板辊轮缺油锈蚀、安装不正确,造成转换阻力增大,引起转换卡阻，如图 1－20 和图 1－21 所示。

图 1－17　脱　　焊

图 1－18　台面折断

图 1－19　台面缺油锈蚀

图 1－20　辊轮锈蚀

图 1－21　辊轮安装不正确

(5)尖轨、可动心轨中后部滑床板阻力大，尖轨、可动心轨在扳动时，尖轨、可动心轨后部因受阻不能正常到位。

(6)尖轨、可动心轨滑床板高低不一致。部分滑床板胶垫腐蚀、压溃，在起道捣固作业时高于其他滑床板，增加了道岔转换阻力，如

图 1－22 所示。

图 1－22　滑床板下胶垫腐烂失效

(7)尖轨尖端防跳凸台卡基本轨头部下颚。主要原因是尖轨塌腰导致尖轨尖端产生翘尖,尖轨中后部至跟端比尖轨尖端低,道岔在转换过程中产生卡阻,如图 1－23 和图 1－24 所示。

图 1－23　卡阻部位

图 1－24　尖轨翘尖

(8)尖轨拱腰,尖轨中部与基本轨轨头下颚产生卡阻,如图 1－25 所示。

(9)尖轨非作用边或基本轨作用边存在肥边,使道岔产生转换卡阻,或是道岔转换到位以后不落锁,如图 1－26 和图 1－27 所示。

(10)交分道岔双转辙部位两内侧尖轨尖端滑床板处绝缘垫板浮起,使道岔产生转换卡阻,如图 1－28 所示。

(11)尖轨在进行刨切加工时,从尖轨刨切起点开始往尖轨尖端的

图 1—25　尖轨拱腰

图 1—26　尖轨非作用边肥边

图 1—27　基本轨作用边肥边

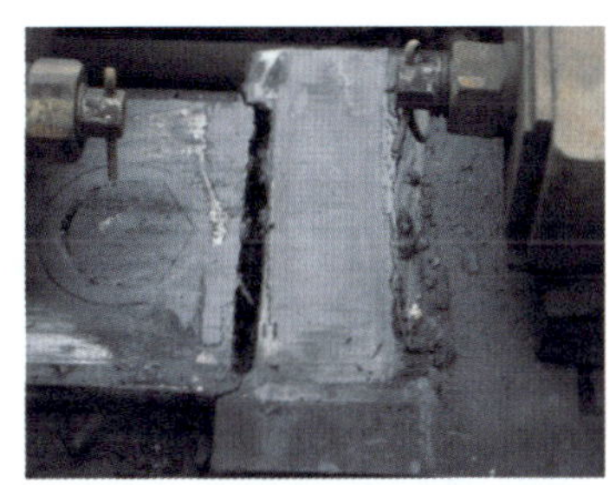

图 1—28　绝缘垫板浮起

断面是不断变小的，尖轨与基本轨之间的断面形成楔形，由于尖轨在全长范围内只是尖轨跟端进行了固定，在气温变化时，尖轨会发生爬行，尖轨与基本轨产生楔形运动，会导致外锁闭道岔锁钩过紧，使道岔解锁困难，如图 1—29 和图 1—30 所示。心轨与翼轨由于受结构影响也会发生与尖轨基本轨同样的楔形运动，如图 1—31 和图 1—32 所示。

图 1—29　尖轨楔形运动

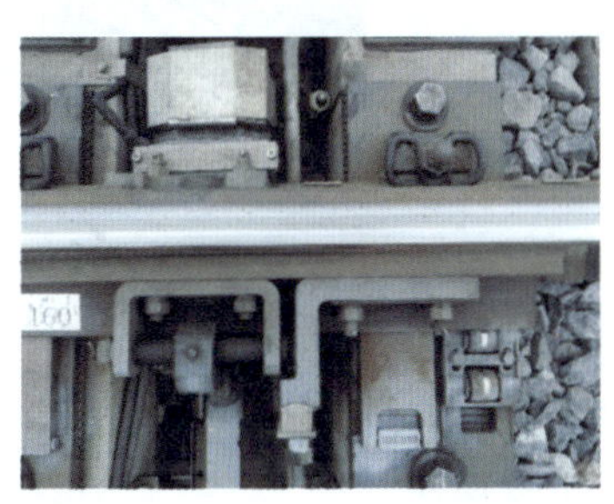

图 1—30　尖轨锁钩变紧

图 1-31 心轨楔形运动

图 1-32 心轨锁钩变紧

(12)外锁闭道岔定、反位内表示杆与机体磨卡。由于道岔是通过独立的长、短表示杆与机内的定反位内表示杆连接的,在安装杆件或调试道岔缺口时,紧固外表示杆很容易造成相应的内表示杆水平翻转,使本应在垂直方向密贴的两机内表示杆在上端或下端出现张口,在道岔转换时出现机内表示杆与转辙机机体方孔套磨卡,增加转换阻力,如图 1-33 所示。

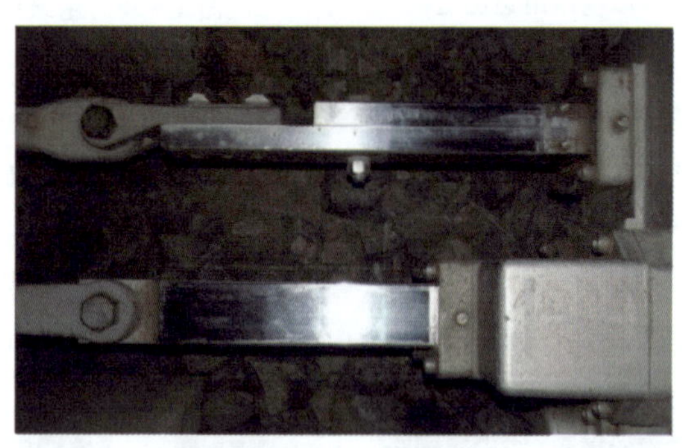

图 1-33 机体磨卡

(13)锁闭框安装不正。位于基本轨上的锁闭框安装不正,锁闭框中线与外锁闭杆的中心线不在垂直方向重合,致使道岔在转换过程中,锁闭框与外锁闭杆侧边磨卡、限位铁与外锁杆磨卡、锁闭框的定位螺栓与锁闭杆卡阻,从而引发道岔卡阻故障,如图 1-34 和图 1-35 所示。

图 1－34 锁闭框位置不正

图 1－35 磨卡部位

(14)道岔每个锁钩处有一个白钢罩，由于作业或人为踩踏造成白钢罩下沉变形，引发道岔卡阻故障，如图 1－36 所示。

(15)尖轨、可动心轨不密贴，过车时状态不稳定，容易造成转换卡阻，如图 1－37 所示。

图 1－36 白 钢 罩

图 1－37 不 密 贴

(16)岔枕铺设位置不正，转辙机处岔枕间隔不标准，尖轨、可动心轨因气温变化产生爬行，尖轨、可动心轨电务拉杆刮碰岔枕，影响道岔扳动，如图1－38所示。

(17)防跳间隔铁、防跳顶铁松动，防跳间隔铁与可动心轨顶面、防跳顶铁与尖轨或可动心轨轨底间距不符合规定尺寸，容易引起刮碰，影响尖轨、可动心轨扳动，如图 1－39 所示。

(18)防跳辊轮下存在异物，导致密贴尖轨转换不到位，如图 1－40 所示。

图 1—38 电务拉杆刮碰岔枕

图 1—39 顶铁磨压尖轨、心轨轨底

(19)防跳限位装置调整不当,外锁闭道岔斥离尖轨轨底边缘与铁卡产生卡阻,导致密贴尖轨转换不到位。

(20)转辙部、可动心轨关键部位螺栓松动、脱落缺少等,极易造成卡阻的产生,如图 1—41～图 1—43 所示。

图 1—40 异　物

图 1—41 间隔铁水平螺栓折断

图 1—42 螺栓缺少

图 1—43 接头铁水平螺栓松动缺少

(21)道岔转辙部位或是可动心轨作业时,把工具放在尖轨与基本轨或可动心轨与翼轨之间,道岔突然扳动,工具没有及时拿出来,导致道岔转换卡阻。

(22)密贴检查器安装在岔枕上,表示杆安装在尖轨上,尖轨爬行或是岔枕横移,使表示杆发生偏斜产生别劲,密贴检查器内动接点与静接点接触不良,使道岔在转换时无表示,如图1—44所示。

图1—44　表示杆偏斜

(23)冬季降雪时或降雪以后,道岔内尖轨与基本轨、可动心轨与翼轨之间,电务转辙设备云卷铁处,外锁闭道岔锁钩与锁闭铁斜面处,锁钩、锁闭杆侧面与锁框内侧面间,锁钩与尖轨连接销间及锁钩、锁闭杆与限位板间夹冰雪,引起道岔转换卡阻,如图1—45～图1—48所示。

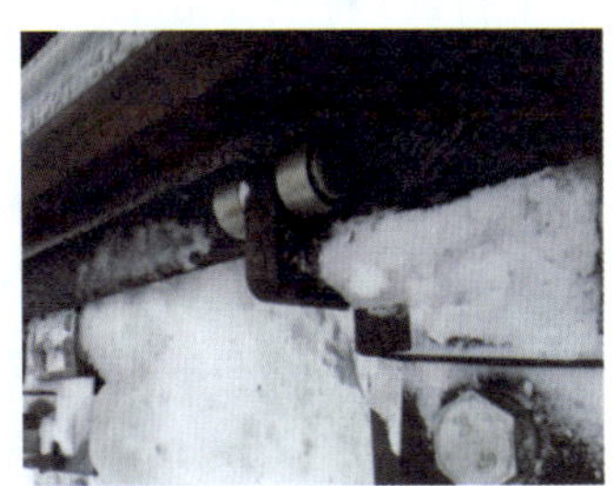

图1—45　防跳铁处冰雪

图1—46　锁钩处冰雪

(24)尖轨、基本轨伤损掉块,夹在滑床板处尖轨与基本轨间,如图1—49所示。

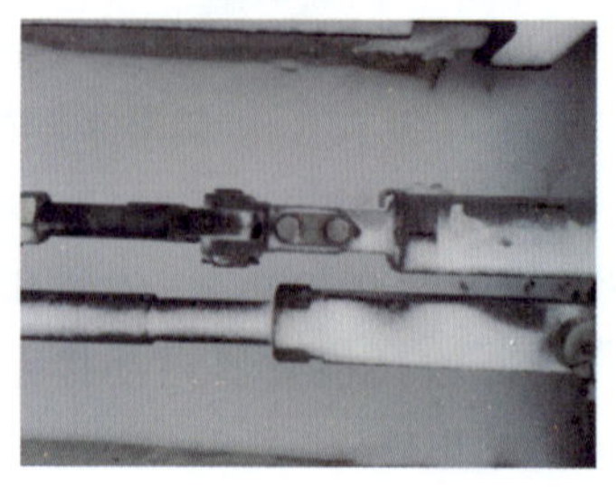

图 1—47 内外表示杆连接头处冰雪

图 1—48 心轨顶铁处冰雪

(25)安装杆件的岔枕盒内石砟高于滑床板平面,经列车振动后落到滑床板上,引起道岔转换卡阻,如图 1—50 所示。

图 1—49 尖轨伤损掉块

图 1—50 石砟刮碰杆件

(26)尖轨、基本轨、可动心轨、翼轨发生折断,特别是在转辙机附近发生折断时,极易引起道岔转换卡阻,如图 1—51 和图1—52所示。

图 1—51 翼轨折断

图 1—52 尖轨折断

2. 影响分析

(1)道岔容易发生转换不到位,不锁闭;检查柱不能落入锁闭缺口,道岔无表示,锁闭电流超标。

(2)道岔容易产生不解锁现象,电机有电不转换。

三、爬　　行

爬行主要是指道岔转辙部分尖轨与基本轨相对爬行,单开道岔、双开对称道岔两侧尖轨不对称爬行,复式交分道岔双转辙器部分四个尖轨尖端不在一条直线上,复式交分道岔可动心轨相对于弯折基本轨、单开道岔可动心轨相对于翼轨产生爬行。

1. 原因分析

(1)道岔转换时转辙机通过动作拉杆动作锁闭杆牵引道岔,由于受气温的影响,在气温升高时尖轨一般向前爬行,气温降低时尖轨一般向后爬行。

(2)复式交分道岔各方向行车密度不一,通过总质量差别大,易造成道岔尖轨、可动心轨爬行,如图 1—53 和图 1—54 所示。

图 1—53　尖轨爬行

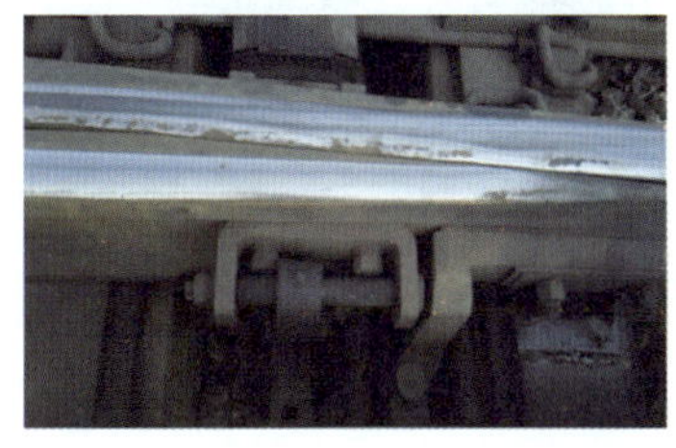

图 1—54　心轨爬行

(3)尖轨长时间受车轮反向摩擦力推动导致尖轨发生不对称爬行,如图 1—55 所示。

(4)因机车制动、线路坡度影响,导致尖轨受纵向推动力,产生尖轨爬行。

(5)由于道岔转辙机托板安装在岔枕上,岔枕产生横移将造成转辙机与杆件不垂直产生爬行,如图1—56所示。

图1—55 尖轨不对称爬行

图1—56 杆件不垂直

(6)间隔铁型尖轨跟端双头螺丝松动、失效、缺少、折断,尖轨跟端螺栓孔旷动量过大,使尖轨发生前后窜动或是爬行超标,影响道岔表示,如图1—57和图1—58所示。

图1—57 螺栓松动

图1—58 双头螺丝折断

2. 影响分析

在每年三、四月份及入冬前十、十一月份,由于气温变化幅度较大,会使道岔尖轨、可动心轨前后爬行或窜动,如果尖轨、可动心轨前后窜动量或爬行大于20 mm时,很容易造成转辙机表示杆位置改变,导致道岔表示卡口、无表示,极易造成道岔锁闭设备故障。

尖轨爬行或窜动必然带动尖端杆、表示杆、动作杆的位移,那么缺口就很难保证,而尖端杆、动作杆的位移会使道岔转换力发生角度变化，这一变化又会使得转辙机的动作电流升高。尖轨的爬行、窜动还会让道岔宏观密贴不良，因为尖轨的厚度是向后逐步加大，基本轨的刨切面基本不变，故而尖轨尖端会先靠或不靠。

尖轨、基本轨、可动心轨、翼轨爬行使转辙机安装装置不方正，易造成密贴调整杆和表示调整杆与岔枕磨卡，导致道岔故障。

尖轨爬行超标，表现在道岔杆件偏斜刮碰岔枕，如图1—59所示。

图1—59　杆件刮碰岔枕

在所有联结螺栓、销子不旷动的情况下，尖轨爬行对表示缺口的移动量见表1—1所列。如果各部销子再有一定旷动量，当道岔爬行时，势必改变原来的状态，密贴状态及表示缺口就很难保证原来的设定位置，造成无表示，同时也容易造成密贴杆位置改变，使密贴力变化，导致道岔故障。

表1—1　表示缺口移动量

尖轨爬行情况	表示缺口移动量(mm)
两根尖轨同时向前或向后爬行20 mm	0.13
一尖轨向前爬行20 mm，另一尖轨向后爬行20 mm	3.05
一尖轨向前爬行20 mm，另一尖轨不动	1.55

四、松(旷)动

松(旷)动主要是指尖轨接头铁与拉杆联结螺栓松动或穿销旷动,尖轨接头铁水平螺栓松动等。

1. 原因分析

根据有关测试结果,列车通过正线道岔时,作用在接头铁与拉杆之间连接销上的冲击力一般为 2～6 kN,最大冲击力为12 kN;冲击频次约为每年 280 万次。如果各部销子不紧,则在高频次、大动能的冲击下,销子的旷动量可达 2～3 mm/年。

联结螺栓松动或穿销旷动随时可能使密贴调整杆的动程发生变化,密贴力不稳定,导致轨道框架结构不稳定,拉杆拉伸时旷动量增大,电务转辙机在锁闭时空动距离不足,容易造成表示不良。

因此规定尖轨接头铁与拉杆之间的连接销子与销孔旷动量合计磨耗应小于等于 1 mm,主要原因有以下三方面。

(1)密贴调整杆与工务第一拉杆相连,如果第一拉杆的主销旷动,则势必引起密贴调整杆的密贴力不稳定,密贴力过大、过小都能造成道岔故障,如图 1—60 所示。

图 1—60　主销旷动

(2)主销旷动也能引起尖轨移动距离发生变化。由于尖端杆与尖轨相连，从而间接地引起表示杆动程发生变化，这可能导致表示口不落锁、道岔无表示的故障。

(3)第一拉杆是固定尖轨框架的主要杆件，如果主销旷动，将减小固定框架的能力，可能将固定框架的部分力量转加到电务尖端杆上，使其难以承受，从而加速尖端杆主螺栓的松旷，威胁道岔表示的正常工作。

2. 影响分析

道岔各部位拉杆销子旷动超标(图1－61)和尖轨接头铁水平螺栓松动(图1－62)，容易导致道岔无表示及尖轨与基本轨离缝。

图1－61　销子旷动超标

图1－62　水平螺栓松动

五、离　　缝

离缝是指尖轨(可动心轨)刨切范围与基本轨(翼轨)，尖轨(可动心轨)轨底面与滑床板台面，尖轨(可动心轨)轨腰与顶铁，基本轨轨底与轨撑、轨距块、滑床板台板等离缝超过规定标准值。

1. 原因分析

(1)尖轨框架尺寸不符合标准，尖轨拉杆、连接杆尺寸选配调整不当。

(2)两基本轨内侧框架尺寸不符合标准，曲基本轨弯折点位置不对或弯折尺寸不符合要求，尖轨尖端轨距超限。

(3)基本轨存在硬弯、方向不良，受列车横向力及转辙机密贴力的影响，尖轨、基本轨容易横移，加之钢轨和拉杆、连杆等构件磨耗造成尖轨不密贴和4 mm及以上能锁闭，如图1－63所示。

(4)尖轨、可动心轨动程不符合规定标准，造成道岔不密贴。

(5)多机多点牵引道岔转辙机动程不标准，推、拉力不均匀或不足，使一侧尖轨与基本轨、可动心轨与翼轨离缝，如图1－64所示。

图1－63 基本轨方向不良

图1－64 离 缝

(6)道岔前端连接的线路方向不良，列车进入道岔时摇晃，轮缘迫使基本轨外倾或外移，产生尖轨与基本轨动态不密贴，如图1－65所示。

图1－65 道岔前端连接线路方向不良

(7)交分道岔钝角辙叉理论尖端至导曲线工作边的距离及短中轴轨距不易保持，结构本身存在冲击死角，活动心轨、V形基本轨容易横移，连接杆销子磨损及活动心轨密贴杆强度不足，致使活动心轨在工作状态下 4 mm 及以上能锁闭，如图 1－66 所示。

(8)尖轨、可动心轨侧弯使尖轨可动心轨中部离缝，如图 1－67 所示。

图 1－66　V 形基本轨横移

图 1－67　尖轨侧弯

(9)转辙部位存在“三道缝”，即基本轨轨底边与滑床台边或外侧轨距块之间有缝隙；基本轨外侧轨头下颚及轨底上部与轨撑接触部分有缝隙；轨撑尾端与滑床板挡肩有缝隙，如图 1－68～图 1－71 所示。

图 1－68　基本轨轨底边与滑床台边离缝

图 1－69　轨撑尾端与滑床板挡肩离缝

(10)顶铁离缝：尖轨、可动心轨或基本轨存在硬弯或是轨向，尖轨、可动心轨中后部轨距偏小及顶铁本身加工缺陷，均会造成顶铁与尖轨、可动心轨离缝，如图 1－72 所示。

图 1－70 轨撑上下接触部分离缝

图 1－71 轨距块离缝

图 1－72 顶铁离缝

(11)道岔密贴调整不当，转辙机牵引动程到位时没有把尖轨拉到位，内锁闭道岔没有撑劲、外锁闭道岔钩头过松，如图 1－73 和图 1－74 所示。

(12)基本轨横移会导致转辙部轨距(基本轨框架尺寸)变化，造成尖轨与基本轨离缝，如图 1－75 所示。

(13)滑床板与尖轨轨底、可动心轨轨底离缝，如图 1－76 所示。

2. 影响分析

(1)尖轨与基本轨、可动心轨与翼轨、尖轨(可动心轨)与顶铁离缝

图 1—73　没有撑劲

图 1—74　钩头过松

图 1—75　基本轨横移

以后，列车在通过道岔时冲击尖轨、可动心轨，缩短尖轨、可动心轨使用寿命，使转辙机动作杆、密贴表示杆的联结螺栓、穿销产生旷动、折断，转辙机内部机械部件磨耗损坏，外锁闭道岔锁闭铁、锁闭框、锁钩非正常磨耗，尖轨、可动心轨动态水平振动加速度将成倍增加，缝隙较大时有可能使列车逆向进入道岔时轮缘进入尖轨与基本轨、可动心轨与翼轨之间，致使列车脱轨，严重危及行车安全。

(2)尖轨(可动心轨)与滑床板离缝以后，列车在通过道岔时，尖轨、可动心轨产生跳动，尖轨动态垂直振动加速度与水平振动加速度将成倍增加，而碎石道床结构本身的稳定性相对较差，车辆经过道岔时产生的振动较整体道床更为强烈，从而影响道岔整体框架强度，缩短尖轨、可动心轨使用寿命。

(3)尖轨、可动心轨与滑床板间离缝,导致部分滑床板不接触尖轨、可动心轨,部分滑床板受力过大,磨耗严重,尖轨、可动心轨扳动时因受力不均衡而滑动受阻,甚至不能正常锁闭,如图 1—77 所示。

图 1—76　滑床板与轨底离缝

图 1—77　滑床板部分接触尖轨轨底

六、病害整治

由于道岔设备的复杂性,一种道岔病害(表象)可能由几种不同的原因造成,整治方法也各不相同。造成病害的原因不同,采取的整治方法也各不相同,需要我们针对道岔的不同病害,认真分析,制订相应的整治方法,有的放矢、加以整治。处理方法也要适应现场病害情况,不要套搬相近或相适的案例,应该根据病害产生原因具体分析,根据实际情况确定处理方法。

道岔结合部故障处理应遵循“先电务、后工务、再电务”的原则,发生道岔故障时,首先由电务部门牵头,工务部门配合,采取措施迅速处理故障,最大限度缩短故障延时。

(一)检查方法

对于道岔结合部病害的查找,现场可以采用“看、听、测、试”等方法来比较、对照,进而发现病害所在,采取针对性措施。

一看:一上道岔,远看近看相结合;直股看方向;曲股看圆顺,看曲基本轨是否呈抛物线状,尖轨是否密贴;顶铁是否起作用、是否顶死;

密贴、缺口是否变化；尖轨的跳动状态；轨枕的起伏状态等。

二听：列车通过时的振动声音，吊板、拱腰、扣件失效、螺栓松动等都有无异声。

三测：工务方面，测轨距、开程、框架尺寸、轮缘槽宽度；电务方面，测动作电流、故障电流、密贴间隙是否存在假密贴，开程、空动余量。杆件特别是工务第一连接杆旷动是造成空动余量不足的原因之一，日常整治中尤其要注意。

四试：2 mm/4 mm 试验；定反位操纵时观察主副机动作的一致性；尖轨是否平行移动，防止蛇行移动。

1. 道岔反弹检查

反弹是尖轨（可动心轨）在转换过程中经常出现的道岔病害之一，产生反弹原因不尽相同，应该根据现场检查情况进行整治。检查道岔反弹现象的方法，目前采用的有两种。

一种方法是利用设于车站控制台的电流表进行检查。单独操纵道岔，观察道岔工作电流和锁闭电流的变化，若工作电流与锁闭电流之差超过 0.3 A（经验值）时，就说明这组道岔存在反弹现象。

另一种方法是用手摇把摇动道岔，当道岔解锁时，由于道岔有反弹，手摇把出现自动空转现象。这时可用撬棍检查道岔的反弹点，具体做法是将连接杆作为基本测试点，逐根连接杆用撬棍将尖轨向基本轨侧拨动，拨到哪一根连接杆反弹消除，也就找到故障点。这种做法叫分段诊断法，比较简单易行。

现场还可以利用“三听四看”法来对道岔反弹进行诊断。

一听道岔解锁时是否有“砰”的响声，有则是反弹影响，响声越大说明反弹越大。

二听道岔转换时声音是否沉闷，声音沉闷说明阻力过大；如果接近密贴时沉闷，说明尖轨跟端过紧，容易出现道岔反弹。

三听尖轨密贴时有无撞击基本轨的声响，有则为密贴力大。

一看解锁时密贴杆是否先被尖轨推着走，即密贴杆的空动距离在没有抽出之前，尖轨已经先动，说明有反弹。尖轨瞬间斥离基本轨的距离为反弹距离，应不大于 4 mm。若超过此标准认为不合格。

二看有无尖轨尖端或腰部先于方钢处密贴现象。检查时应站在尖轨前端下俯身体，观看尖轨密贴过程，有上述现象则为反弹。

三看方钢是否窜动。在扳动时看接头铁与方钢连接处有无窜动的痕迹。

四看前端有无吊板、滑床板过高、尖轨翘头等病害。

2. 道岔密贴状态、锁钩松紧检查

扳动道岔后，检查密贴位置侧，道岔尖轨尖端无间隙(间隙不大于 0.5 mm)，用扳手撬动尖轨可使尖端间隙变化 0.2 mm 左右，并能自然恢复原状态，无假密贴现象；其余牵引点可同样检查，尖轨与基本轨间隙不大于 1 mm，用大号螺丝刀插入间隙处撬动，可自然复位。

用工具锤侧面反复轻轻敲击锁钩侧面，锁钩左右可小幅摆动，无反弹、无大阻力。同时对钩头敲击检查，敲击锁钩头部侧面，钩头可左右小幅摆动，并无反弹，说明道岔密贴良好，锁钩松紧适度。另外一侧做同样检查。

3. 道岔卡阻检查

主要介绍外锁闭道岔卡阻检查方法，内锁闭道岔可以参考执行。

(1)钩头与锁闭铁检查

①扳动观察法，在扳动时，钩头抬起和落下过程中，钩头和锁闭铁有无摩擦，锁钩侧面有无划痕。

②敲击检查法，手锤左右反复敲击钩头侧面，如钩头左右摆动自如，无反弹，说明两者无别卡。如钩头敲击不动或有反弹，还是应当首先检查锁钩是否过紧。

(2)锁闭杆与锁闭框检查

在锁钩松紧适度前提下，用工具锤左右敲击锁闭杆(锁闭和斥离位置均可检查，锁闭位置更明显)，锁闭杆来回动作自如，不反弹，则无别卡；如敲击不动或有反弹，则说明锁闭框与锁闭杆有别卡。

(3)锁轴是否磨耗或弯曲变形检查

在锁闭位置，用扳手往一个方向转动锁轴，手感阻力均匀，如有半圈省力，半圈费力，同时道岔密贴状态可能也会跟着变化，则说明锁轴已弯曲变形，应更换锁轴。一般均在密贴侧进行检查，因斥离位置检查不明显。

(4)重点检查项目

发生道岔故障后，要认真检查道岔转辙部分范围内所有设备，确定故障位置及原因，以最快速度排除故障，恢复设备的使用。

一是尖轨与基本轨、可动心轨与翼轨之间有无夹杂异物。

二是转辙部位各联结零件有无松动、失效。

三是滑床板有无脱焊、断裂、失效。

四是转辙部分几何尺寸、框架尺寸有无超限，尖轨有无翘头、侧弯、爬行。

五是尖轨防跳限位装置，可动心轨防跳间隔铁、卡铁，各部位顶铁是否完好。

六是辊轮状态是否良好。

4. 可动心轨辙叉病害检查

(1)顶铁过紧，成为锁闭“硬点”。工电联合整治(工务指标)要求顶铁与心轨间隙不大于1 mm，间隙过小可用纸片检查，锁闭时纸片能轻松抽出即可，否则要求工务部门调整解决。

(2)心轨碰翼轨轨底。一般会出现明亮的磨痕，要求工务部门打磨处理。

(3)滑床板长期磨耗，产生台阶，扳动受阻。一般痕迹明显，同样采用打磨方法，另外工务心轨是由长短心轨拼装而成的，在拼装接缝处的滑床板产生磨耗台阶，一般难以发现，工务也难以处理，有的道岔中途停顿也可能与此有关，需进一步分析判断。

(4)叉跟尖轨间隙内无杂物，整个心轨滑床板涂油至叉跟尖轨。

5. 道岔不解锁、不锁闭检查

(1)道岔第一或其他牵引点不解锁检查

联系室内多次反复扳动道岔，室外道岔在转换时用手锤敲击不解锁牵引点处的锁钩两侧平面，外锁闭即可解锁。检查道岔尖轨、基本轨是否爬行，尖轨是否吊板，滑床板是否开焊，密贴调整是否过紧，锁闭铁的锁闭斜面、锁钩锁闭斜面、动作板凸起的锁闭台及锁钩锁闭下平面是否夹异物，是否卡出沟痕，发现问题及时处理。

(2)道岔第一或其他牵引点不锁闭检查

联系室内多次反复扳动道岔，室外检查道岔尖轨、基本轨间是否夹异物。如果尖轨已密贴，可能是斥离尖轨卡阻或道岔密贴过紧造成，现场用手锤敲击密贴尖轨或用撬棍拨斥离尖轨，使道岔锁闭维持使用。重点检查道岔尖轨、基本轨是否爬行，尖轨是否吊板，滑床板是否开焊，杆件是否方正等情况。如道岔存在病害，工电部门进行联合整治。

6. 道岔爬行检查

检查密贴尖轨尖端与基本轨轨端的距离、可动心轨尖端与翼轨轨端的尖趾距离应符合规定。当道岔心轨爬行大于 10 mm，道岔尖轨爬行大于 20 mm 时，视为爬行超标。

电务部门进行道岔扳动试验检查时，转辙机动作杆、表示杆与道岔外动作板、外表示杆应呈直线状态。发现不在同一直线上，呈别劲状态，应检查尖轨、基本轨是否爬行，轨枕是否方正，工务部门应及时处理。电务部门应对锁框、表示杆连接铁进行调整，保证道岔使用。

(二)整治方法

1. 整治反弹病害

(1)两基本轨间框架尺寸不达标的情况，首先方正基本轨接头，检查曲基本轨弯折量，当误差超过±1 mm 时，应重新弯折；直基本轨方向不良时，可用弦线测量，采用拨道或改道方法调整，对曲股进行轨距调整时，应结合测量两基本轨框架尺寸的方法进行调整；调整完毕应进行转辙性能测试。

(2)尖轨与拉杆框架尺寸不达标的情况，要调整尖轨与拉杆组成的框架尺寸，按照标准调整各部位连接杆的长度，遵循从前向后的顺序进行调整，如有误差，可采取加撤铁垫片或是更换拉杆的方法进行调整。

(3)通过垫板或起道捣固的方法整修滑床板过硬、空吊，使转辙部各滑床台高度保持一致。

(4)更换磨耗的双头螺栓、间隔铁、夹板，调整尖轨跟距。

(5)窜动尖轨或调整基本轨，消除限位器卡阻问题。

(6)整修更换有侧弯的尖轨、可动心轨。

(7)调整尖轨、可动心轨顶铁，拧紧松动的顶铁螺栓。

(8)电务人员对于密贴过紧的道岔重新调整使其符合要求。

(9)调整防跳限位装置与尖轨轨底边缘的间隙，使其符合要求。

2. 整治卡阻病害

(1)更换滑床台板磨耗超过标准、严重变形、开焊或折断的滑床板。

(2)通过垫板、更换失效胶垫、木枕锛砍削平枕木面、起道捣固的方法整修滑床板过硬、空吊，使各岔枕上的滑床板高度保持一致。

(3)对基本轨工作边和尖轨非工作边出现的肥边要及时安排打磨，打磨后要进行道岔扳动试验，确保打磨后尖轨密贴状态良好。

(4)有砟道岔方正转辙机处横移岔枕，使岔枕位置间隔尺寸符合标准，防止尖轨、可动心轨电务拉杆刮碰岔枕。

(5)尖轨滑床板辊轮进行重新安装，拧紧辊轮定位螺栓，防止定位螺栓松动、上框架浮起刮碰尖轨轨底，引起转换卡阻。

(6)整修、更换拱腰或塌腰尖轨、可动心轨，使尖轨与基本轨、可动心轨与翼轨顺利密贴。对于翘尖的尖轨可以打磨尖轨尖端防跳台，或是更换尖轨。

(7)处理尖轨防跳台卡基本轨轨头下颚，一是更换基本轨下压溃胶垫，二是调整过硬滑床台下铁垫板胶垫。对于尖轨尖端卡基本轨下颚，如果是由于转辙部高低引起的，日常应加强对尖轨尖端的捣固作业，防止尖端附近岔枕出现空吊板。

(8)在道岔运营过程中，应经常检查各类转换杆件与岔枕上滑床板、耳板、岔枕边缘间的缝隙尺寸。发现缝隙小于 10 mm 时，应及时调整转换杆件的位置，拉轨并及时锁定扣件。

(9)对转辙部、可动心轨关键部位的螺栓，要加强经常检查，及时拧紧松动螺栓，对于拧不紧的经常反松螺栓必须进行更换处理。要及时补充更换松动、脱落的尖轨和可动心轨顶铁横向螺栓防松夹、间隔铁螺栓螺母防松帽。对于转辙部、可动心轨关键部位的螺栓可更换成防松螺帽。转辙部分、可动心轨辙叉部位螺栓扭矩见表1－2。

表1－2 转辙部分、可动心轨辙叉部位螺栓扭矩(N·m)

螺栓种类	扭　矩
长短心轨联结螺栓	600
限位器、转辙器跟端间隔铁及翼轨间隔铁联结螺栓	1100
岔枕垫板用M30螺栓	300～350
咽喉前翼轨间隔铁螺栓	600
防跳卡铁、顶铁螺栓	400～600

(10)在铺设组装时要充分考虑各零部件的公差,防止活动零部件的活动间隙过小。

(11)调整防跳间隔铁、顶铁,保证防跳间隔铁、顶铁与尖轨、可动心轨轨底有一定的间隙。

(12)电务部门应及时调整道岔转换设备,使之能够适应尖轨和心轨的自由伸缩,解决道岔在转换过程中出现的卡阻问题。

(13)外锁闭道岔的锁闭框、锁闭杆、锁钩应保持在一条直线上,锁闭杆应位于锁闭框中间,防止在道岔转换过程中锁闭杆与锁闭框发生磨卡。锁闭框、锁闭杆、锁钩的接触摩擦面日常应该保持清洁,无污垢,定期涂油;锁钩轴销应定期通过注油孔进行注油,保持润滑。冬季降雪以后及时清除接触摩擦面和锁闭杆侧面沟槽内的积雪和积冰,防止道岔出现转换不到位或是无法转换的故障。

3. 整治爬行病害

(1)对尖轨、可动心轨爬行量超限的道岔,采用更换尖轨、基本轨、可动心轨辙叉前后钢轨或是单个调整尖轨、基本轨、可动心轨辙叉纵向位置等措施,使其符合要求。

(2)锁定基本轨、翼轨。

(3)更换尖轨跟端双头螺栓。

(4)方正道岔,使道岔两尖轨尖端相错量不大于10 mm。

(5)方正有砟道岔岔枕,对横移岔枕采用防横移的措施。

(6)尖轨、长心轨未焊接的道岔,可调整尖轨、长心轨跟端范围内钢轨轨缝的大小并拧紧道岔内扣件,同时在尖轨及可动心轨跟端采用冻结工艺对接头进行冻结,以阻止窜动爬行的产生。

(7)对尖轨、长心轨跟端已焊接的道岔,除组装时严格按标准进行道岔组装外,日常养护中需经常拧紧扣件。

(8)在道岔前后焊接钢轨上增设防爬设备。

(9)将长心轨、短心轨、翼轨、间隔铁进行胶接处理。

(10)对尖轨严重不方的已焊接道岔,切割钢轨拉方后重新进行焊接。

4. 整治松(旷)动病害

克服松动现象的措施是采用高强度螺栓或更换为带螺扣的销子,同时应减少道岔爬行,对于第一拉杆的主销应将其鸭嘴上下拧紧,经常检查水平螺栓是否松动,如果发现水平螺栓松动及时拧紧。

将销子改装成锥形,并加装护套以增大接触面,改善承受交变应力能力,将点接触改造成面接触,根据螺丝松紧控制轴套大小,消除连接处的旷动,如图1—78所示。

(a)整治前

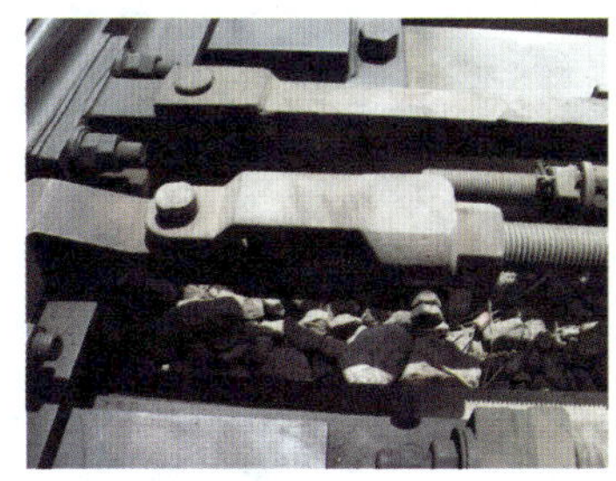

(b)整治后

图1—78　连接销加套改造整治

5. 整治离缝病害

(1)尖轨(可动心轨)与基本轨(翼轨)离缝,先调整各部轨距(框架)、轮缘槽尺寸,若依然存在离缝,要对尖轨(可动心轨)进行"放劲归零调整",检查尖轨(可动心轨)自由状态下是否能够密贴,确定其是否存在硬弯或是其他病害,确定病害产生原因后采取矫直或更换尖轨(可动心轨)的办法解决。

(2)两基本轨间框架尺寸不达标的情况,首先方正基本轨接头,检查曲基本轨弯折量,当误差超过±1 mm时,应重新弯折;直基本轨方向不良时,可用弦线测量,采用拨道或改道方法调整,对曲股进行轨距调整时,应结合测量两基本轨框架尺寸的方法进行调整;调整完毕应进行转辙性能测试。

(3)通过抽减垫片或更换顶铁的方法调整尖轨(可动心轨)与顶铁间缝隙。

(4)尖轨(可动心轨)与滑床板离缝,滑床板各台板表面磨耗不均匀,转辙部分、可动心轨辙叉存在高低空吊,采取捣固、垫板、更换磨耗的滑床板等措施,使各滑床板在同一水平面上。

(5)整修或更换尖轨、可动心轨。

(6)调整动程不标准、两侧动程不均匀的尖轨、可动心轨动程。

(7)尖轨在第二、三牵引点处向内侧弯。针对这种情况,该牵引点处密贴调整不能过紧,尖轨顶铁、防跳限位装置起作用,开程调整略大一些。外锁闭装置要保持干净,注油良好,防沙、防雪罩安装良好。巡检时,重点检查外锁闭铁锁闭斜面是否有沟痕。道岔转换试验时,是否出现卡阻现象,发现不良及时打磨处理。

(8)尖轨在第二、三牵引点处向外侧弯。在这种情况下,第二、三牵引点处密贴都是很好的,但是在第一牵引点处,尖轨反弹使道岔张嘴。当反弹间隙超过4 mm以上时,原则上工务必须进行更换处理;反弹间隙在4 mm以下,应进行适应性调整。在这种情况下,该牵引点处密贴调整不能过紧。外锁闭装置要保持干净,注油良好,防沙、防雪罩安装良好。巡检时,重点检查外锁闭铁锁闭斜面是否有沟痕。道岔转换试验时,观察是否出现卡阻现象,发现不良,及时打磨处理。

第二节　工务设备故障

一、道岔反位无表示故障(滑床板开焊)

1. 故障概况

××线××站报告2号道岔反位无表示，通知工务、电务部门检查处理。集中监测曲线分析如下：

(1)故障设备平面示意如图1—79所示。

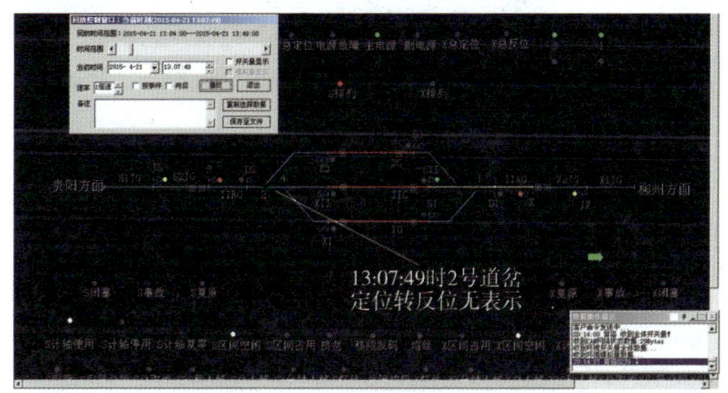

图1—79　故障设备平面示意

(2)2号道岔故障时动作曲线为不解锁空转曲线(蓝色为参考曲线)，如图1—80所示。

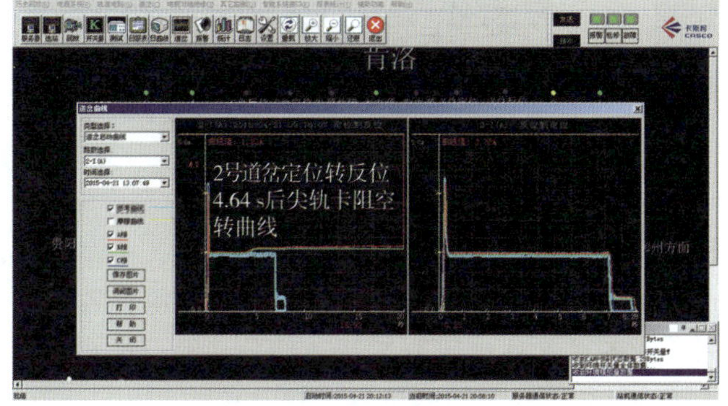

图1—80　不解锁空转曲线

(3)2 号道岔滑床板未焊接时道岔动作 5 s 后有磨卡，动作曲线电流仍有升高现象，如图 1－81 所示。

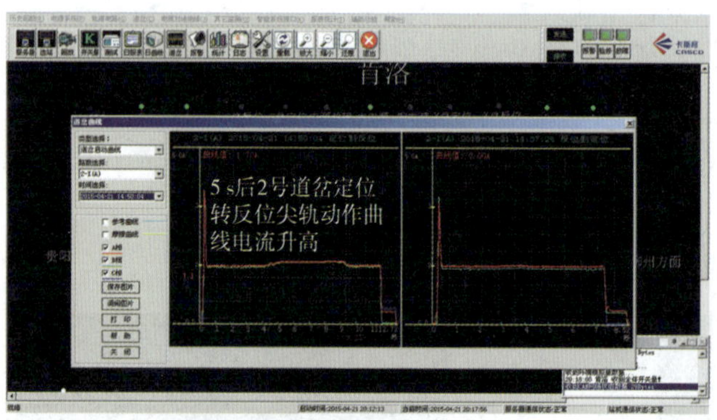

图 1－81　动作曲线电流仍有升高

(4)工务人员焊接好滑床板后，2 号道岔动作曲线正常(蓝色为参考曲线)，如图 1－82 所示。

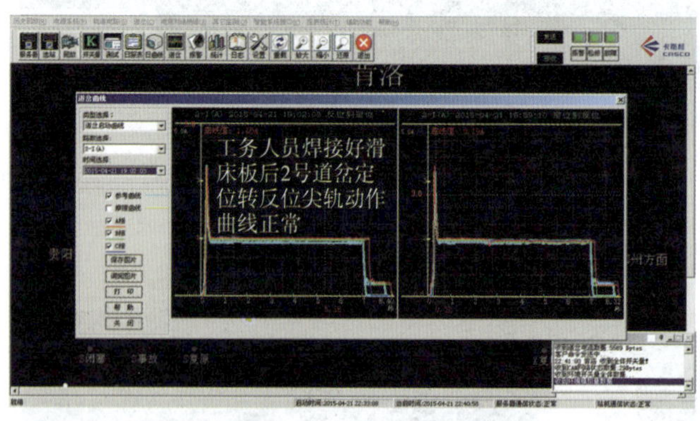

图 1－82　动作曲线正常

2. 原因分析

2 号道岔因工电结合部管理不到位，工务设备直尖轨吊板、滑床板台板开焊，电务道岔外锁闭装置转动部分油泥(砂，机车撒砂后)清除不良、道岔工电病害整治不到位等综合因素造成 2 号道岔在定位转反位时，道岔转动了约 5 s 后，由于副机卡阻，同时造成主机卡阻，导致

2号道岔反位空转无表示。滑床板开焊及焊补如图1—83～图1—86所示。

图1—83　脱焊点

图1—84　接触部分有4 mm缝隙

图1—85　焊　补

图1—86　焊补以后

二、道岔无表示(防跳限位装置辊轮销轴脱落)

1. 故障概况

××联络线××线路所1号/3号道岔无表示,现场检查发现1号道岔第二转辙机直股尖轨第二个防跳限位装置辊轮销轴脱落窜出,导致道岔扳不到位,现场检查人员拿出脱落的防跳限位装置辊轮销轴,对道岔进行扳动测试,确认道岔无异常。

2. 原因分析

防跳限位装置辊轮销轴开口销没有开口角度,在列车冲击力作用下,开口销、防跳限位装置辊轮销轴逐步松动脱落,防跳限位装置辊轮销轴卡在防跳限位装置与尖轨之间的凹槽处，导致尖轨扳动不到位造成道岔无表示，如图 1－87 和图1－88所示。

图 1－87　辊轮销轴脱落卡在尖轨轨底边

图 1－88　开口销没有开口角度

三、道岔定位无表示（道床翻浆冒泥）

1. 故障概况

××线××站 17 号道岔定位无表示，经车务、工务人员临时处理后定位表示恢复，发现 17 号道岔第一转辙机牵引点处道床翻浆冒泥，17 号道岔第一转辙机牵引点处定位侧锁钩处有大量泥浆，造成该道岔空转，如图 1－89 所示。

图 1－89　翻浆冒泥

2. 原因分析

经现场检查确认，17 号道岔第一转辙机牵引点处有泥浆，由于列车通过时的振动，落入电务动作杆的锁闭沟槽内，造成 17 号道岔定位无表示。

产生泥浆的岔枕空设有挡砟板，且有尖轨连接杆、转辙机动作杆，因此该岔枕空石砟填充量少，枕盒内存有积土，动态检查该处有 5 mm 吊板。由于降雨将枕盒内积土转化成泥浆，经列车振动将泥浆溅入动作杆的锁闭沟槽内，造成道岔故障。

四、道岔反位无表示（滑床板吊板）

1. 故障概况

××站 10 号/12 号道岔反位无表示，通过集中监测分析，判断为 12 号道岔定位操反位时尖轨第一转辙机空转造成道岔无表示。

上道检查发现 12 号道岔反位尖轨尖端第一、二、三块滑床板吊板十分严重，其中反位第一块吊板 5 mm 以上，如图 1—90 所示。

图 1—90　滑床板吊板

2. 原因分析

操纵道岔试验过程中，12 号道岔尖轨尖端上翘，造成动作拉杆在动作过程中阻力大，引起道岔空转。

五、道岔反位无表示（表示杆吊铁与辊轮侧面螺丝卡阻）

1. 故障概况

××高速线××站 185 号/187 号道岔反位无表示，上道检查发现 187 号道岔尖轨第一表示杆吊铁与辊轮侧面螺丝卡阻（图 1—91），处理后恢复正常。经现场检查，第一转辙机侧轨枕偏后 20 mm，轨枕与基本轨不垂直，道岔安装装置与轨枕不平行，造成表示杆动作不顺畅。白天故障处理时检查发现187号道岔尖轨第一表示杆吊铁与辊轮侧面螺丝磨卡无间隙，夜间要点上道检查距离为11 mm，实测尖轨爬行量20 mm，考虑白天因气温变化尖轨实际爬行量大于20 mm，不能满足尖轨最大爬行量要求。现场对187号道岔尖轨第一转辙机处岔枕进行了方正，调整后间隙达到27 mm，满足尖轨受气温变化爬行适应性要求。

图1—91　表示杆吊铁与辊轮侧面螺丝卡阻

2. 原因分析

187号道岔尖轨第一表示杆吊铁与辊轮侧面螺丝卡阻。

六、道岔反位无表示(顶铁水平螺栓松动)

1. 故障概况

××站××线路所2号/4号道岔反位无表示，检查发现直基本轨第一位顶铁水平螺栓松动、顶铁低头5 mm，如图1—92和图1—93所示。

2. 原因分析

转辙部零配件状态检查不认真，导致直基本轨第一位顶铁水平螺栓松动、低头5 mm病害没有及时发现，造成该组道岔在操作过程中无表示。违反《普速铁路线路修理规则》第3.9.11条“道岔各种零件应齐全，作用良好，缺少时应及时补充”的规定。

图 1—92　水平螺栓紧固处理后

图 1—93　道岔顶铁低头

七、道岔反位无表示(尖轨卡阻)

1. 故障概况

××线××站 4 号道岔发生反位无表示设备故障，经现场捣固处理，设备恢复正常。

2. 原因分析

经现场对 4 号道岔进行检查发现，在曲尖轨尖前第一块滑床板至尖后第三块滑床板间(共计 5 块板)直基本轨存在高低－6 mm，导致曲尖轨防跳台与直基本轨轨头下颚卡阻，造成 4 号与 2 号联动道岔反位无表示。

八、复式交分道岔反位无表示(接头铁螺母松动)

1. 故障概况

××站 154 号/160 号复式交分道岔反位无表示，工务、电务人员到达现场后对 154 号/160 号复式交分道岔进行检查，现场紧固 154 号/160 号复式交分道岔乙股前第一连接杆接头铁螺母，拧紧之后道岔扳动正常。

2. 原因分析

经过现场分析，154 号/160 号复式交分道岔乙股前第一连杆接头铁螺母松动(图 1—94)是造成该起故障的直接原因。

图 1—94　接头铁螺母松动

第三节　信号设备故障

一、道岔曲线分析

了解了道岔启动电路的基本原理、动作电流曲线采集原理，可通过动作电流曲线结合“小尾巴”状态分析及“外线判别法”，对异常曲线、故障曲线进行分析判断。

（一）单机牵引道岔典型故障

1. 三相电流数值均为零（图 1—95）

（1）曲线分析

道岔扳动后无表示，说明其 1DQJ 已励磁，2DQJ 已转极，接通道岔启动电路，向室外送电。此时道岔三相动作电流均为零，说明启动电路三相均处于开路状态，DBQ 因无电流流过而无直流电压输出，导致 BHJ 无法吸起，1DQJ 无法自闭，0.8 s 后即落下。该道岔扳动前表示正常说明外线不可能全部开路，因此重点检查室内影响电源的公共部分。

（2）原因分析

①交流转辙机电源断开或该道岔启动空开跳。

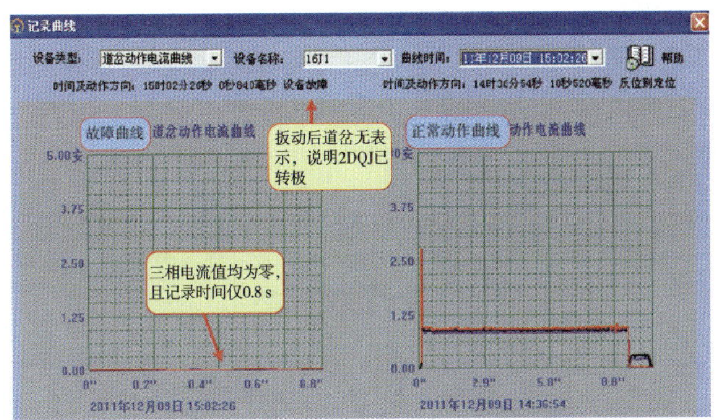

图 1—95　三相电流数值均为零

②断相保护器故障。

2. 道岔动作电流曲线只记录两相 0.5 A 左右电流(图 1—96)

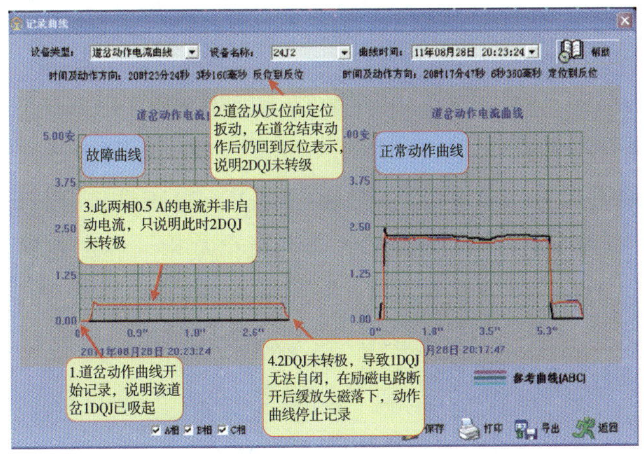

图 1—96　道岔电流只记录两相小电流

(1)曲线分析

此时的电流是“小尾巴”电流，说明 1DQJ、1DQJF 均已吸起，但未出现启动电流，说明 2DQJ 未转极。因此在道岔扳动指令复原后，该道岔 1DQJ 就缓放落下，恢复扳动前的表示(图 1—96 中“时间及动作方向”栏显示为“反位到反位”)。

(2)原因分析

①2DQJ 励磁电路不良。

②2DQJ 继电器特性不良。

3. 道岔三相动作电流数值正常,动作时间仅 1 s 左右(图 1—97)

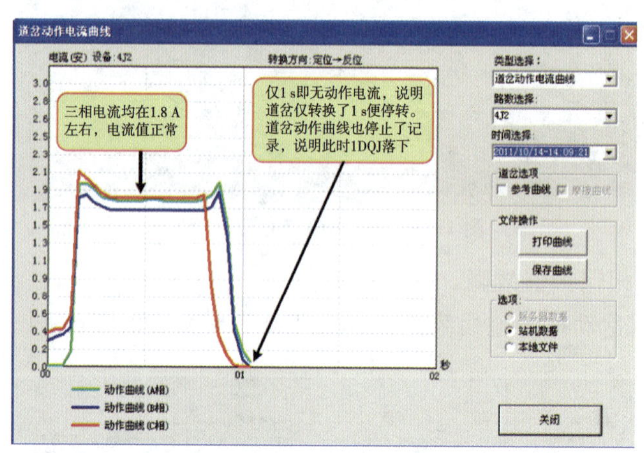

图 1—97 道岔动作电流数值正常,动作时间仅 1s 左右

(1)曲线分析

从图 1—97 分析,1DQJ 正常励磁、2DQJ 也正常转极,且道岔三相动作电流数值均正常,说明道岔启动电路正常构通。但道岔动作曲线只记录了 1 s,说明 1DQJ 吸起 1 s 后即落下,由此可判断在 2DQJ 转极后 1DQJ 无法自闭,需对 1DQJ 自闭电路及自闭电路中涉及的继电器(如 QDJ、BHJ 等)电路进行检查。

(2)原因分析

①DBQ 不良无输出或 BHJ 自身故障导致 BHJ 无法吸起。

②1DQJ 自闭电路中各接点接触不良或继电器线圈故障导致 1DQJ 无法自闭。

4. 道岔三相动作电流其中一相电流值为零(图 1—98)

(1)曲线分析

根据图 1—98 中左侧曲线分析,道岔转换时 B 相动作电流为零,其余两相动作电流值上升。此曲线为明显的断相曲线,会导致 BHJ

无法吸起，使 1DQJ 因无法自闭而落下。因此此曲线只记录 0.8 s(时间长短取决于 1DQJ 的缓放时间)。

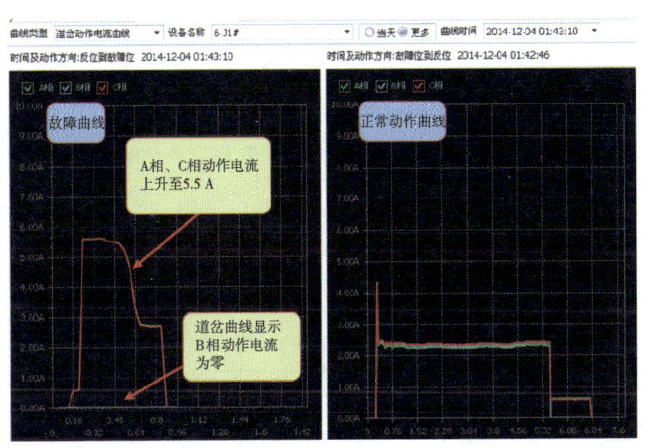

图 1—98　三相动作电流其中一相电流值为零

(2)原因分析

启动电路通道开路。在出现断相故障时，可以运用“外线判别法”，结合道岔动作电路原理，锁定启动通道中具体的故障处所，压缩故障处理时间。

道岔动作电流缺相原因汇总见表 1—3(案例中道岔扳动前表示正常；故障点均以转辙机在定位时自动开闭器第 1、3 排接点闭合为例进行表述)。

表 1—3　道岔动作电流缺相原因汇总

道岔扳动方向	故障曲线现象	常见故障点范围
反位向定位扳动	A 相(X1)电流为零	A 相电源熔断器 RD1、断相保护器 DBQ、1DQJ11-12 接点及相关配线
	B 相(X2)电流为零	B 相电源熔断器 RD2、断相保护器 DBQ、1DQJF11-12、2DQJ111-112 接点及相关配线；室外接点组 43-44、安全接点 K11-12 及相关电缆、端子配线
	C 相(X5)电流为零	C 相电源熔断器 RD3、断相保护器 DBQ、1DQJF21-22、2DQJ121-122 接点及相关配线

续上表

道岔扳动方向	故障曲线现象	常见故障点范围
定位向反位扳动	A 相(X1)电流为零	A 相电源熔断器 RD1、断相保护器 DBQ、1DQJ11-12 接点及相关配线
	B 相(X4)电流为零	B 相电源熔断器 RD2、断相保护器 DBQ、1DQJF11-12、2DQJ111-113 接点及相关配线
	C 相(X3)电流为零	C 相电源熔断器 RD3、断相保护器 DBQ、1DQJF21-22、2DQJ121-123 接点及相关配线；室外接点组 13-14、安全接点 K11-12 及相关电缆、端子配线

5. 道岔三相动作电流突升(图 1—99)

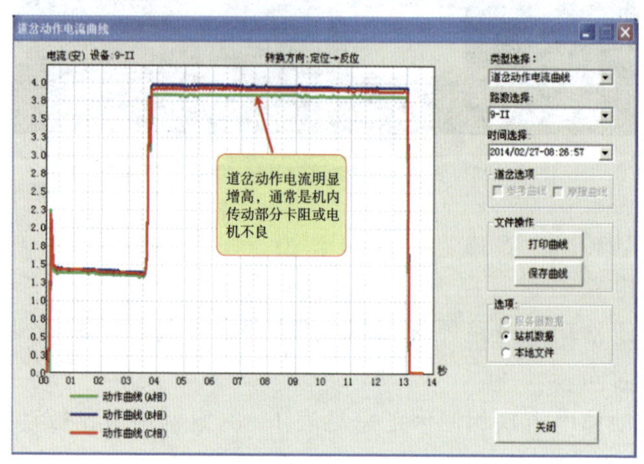

图 1—99　道岔三相动作电流突升

(1)曲线分析

交流转辙机正常转换过程中，动作电流值应稳定，即使因尖轨夹异物、道岔不解锁等机外阻力造成电机空转时，其动作电流也只会有轻微变化，不会明显增高。从故障曲线上分析，该道岔初期转换正常，中途出现电流值明显增大，其原因通常是转辙机机内卡阻或电机不良。

(2)原因分析

①机内滚珠丝杠(或联轴器)卡阻。

②电机不良。

6. 道岔动作曲线某一相电流抖动下降(图 1－100)

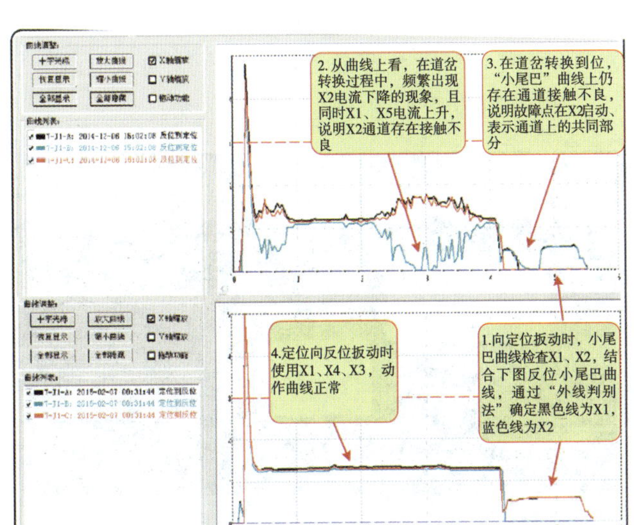

图 1－100　道岔动作曲线某一相电流抖动下降

(1)曲线分析

道岔动作电流曲线中出现某一相电流明显抖动下降，且另两相同时上升的现象，通常说明该相电流通道存在接触不良。此时需根据前面所述的"外线判别法"，分析出是哪一条通道的问题，再进行相应处理。从图 1－100 中可分析出为 X2 不良，并且在道岔转换段、"小尾巴"部分 X2 上的电流均有抖动下降现象，可缩小故障范围，查找 X2 在启动、表示电路中的公共部分。

(2)原因分析

①通道各部端子接触不良。

②电缆不良。

7. 道岔转换过程中三相动作电流不平衡(图 1－101)

(1)曲线分析

道岔每次转换时，一直存在某一相电流值明显偏低现象。首先应根据“外线判别法”,判断电流偏低的是哪一根外线,通常电流值较低说明该相回路的阻值较大。图 1－101 中经分析为 X5 电流值偏低,经现场查找发现,室内分线盘至室外方向盒 X5 应为双电缆,其中一根断线,造成 X5 通道电阻值变大。

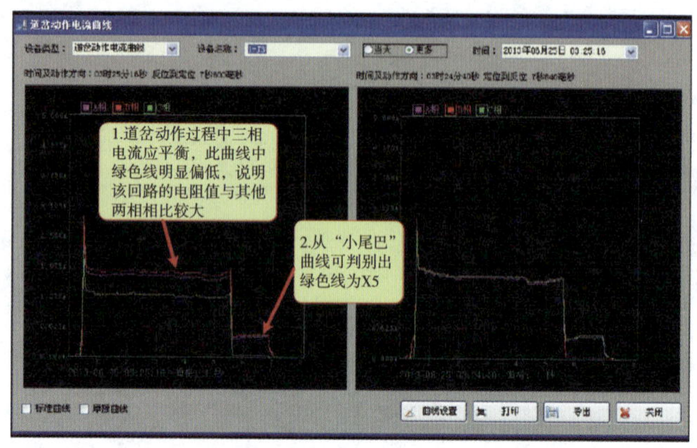

图 1－101 道岔转换过程中三相动作电流不平衡

(2)原因分析

①双芯并联使用的电缆其中一芯开路。

②启动回路电阻增大。

8. 道岔转换时间增长(图 1－102)

(1)曲线分析

图 1－102 中,道岔动作曲线与参考曲线相比,其动作时间增长,说明动作时阻力大或转换力偏小。

(2)原因分析

①道岔缺油或油压不足。

②道岔滑床板缺油。

③道岔尖轨翘头、安装不方正。

9. 道岔转换时间达 13 s(或 30 s)(图 1－103～图 1－105)

(1)曲线分析

如果道岔转换时因故无法到位锁闭,由于启动接点无法断开,将

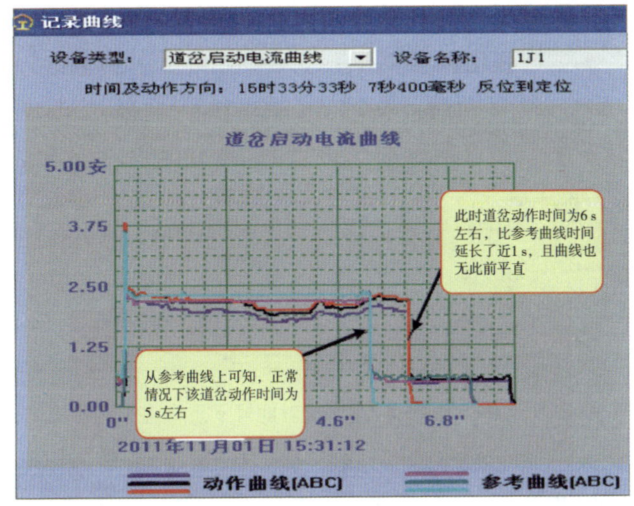

图 1－102　道岔转换时间增长

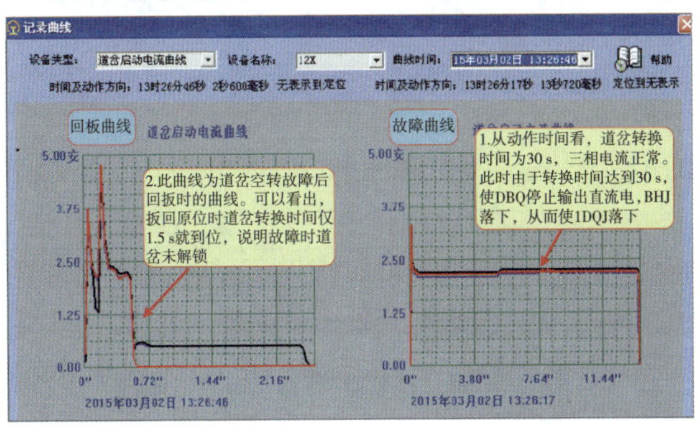

图 1－103　道岔空转，回扳时间短

导致电机长时间空转。为避免在此情况下电机受损，提速道岔设置了时间继电器 TJ（或由带延时功能的断相保护器实现），在道岔转换时间长达 13 s 或 30 s（此时间的设定取决于道岔类型）仍未转换到位时，断开 1DQJ 的自闭电路，切断三相交流转辙机电源向外的输出。

此时可结合故障后将道岔扳回原位时的曲线来分析故障点：若回

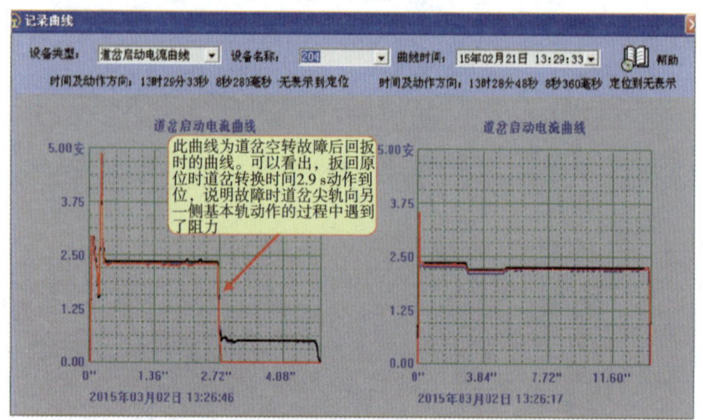

图 1－104　道岔空转，回扳时间短于正常动作时间

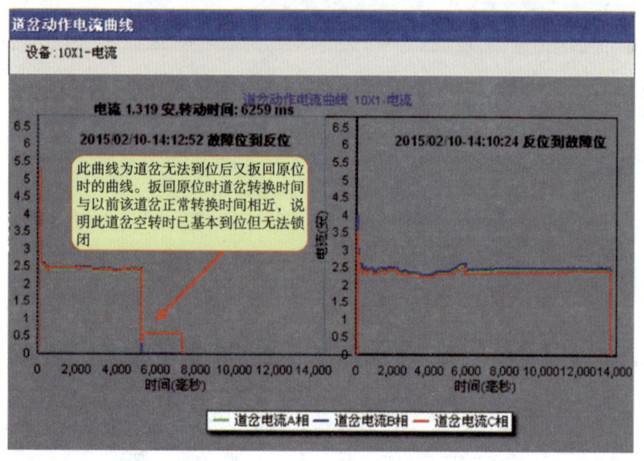

图 1－105　道岔空转，回扳时间正常

扳时间很短说明道岔故障时转换动程短，无法解锁的可能性较大；若回扳的时间与正常时动作时间相近则说明道岔故障时已基本到位，无法锁闭的可能性较大；若回扳时间介于两者之间，说明道岔已解锁，在转换过程中遇到阻力导致空转。

(2)原因分析

①S700K 型道岔卡缺口。

②道岔外部机械部分卡阻造成道岔无法解锁或无法锁闭。

10. ZY(J)7 型道岔到位前短时间断相(图 1－106、图 1－107)

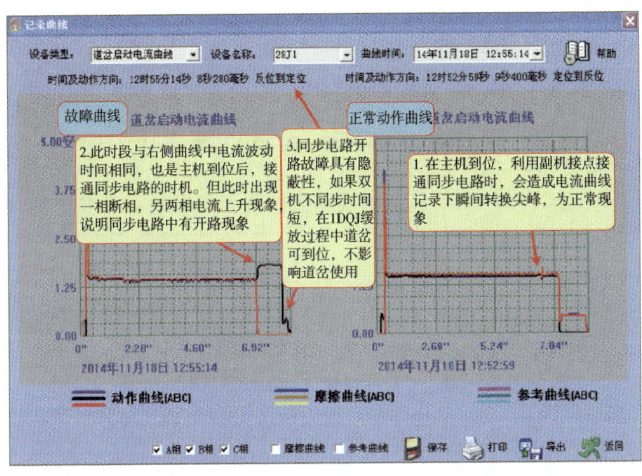

图 1－106 反位到定位时,同步电路故障

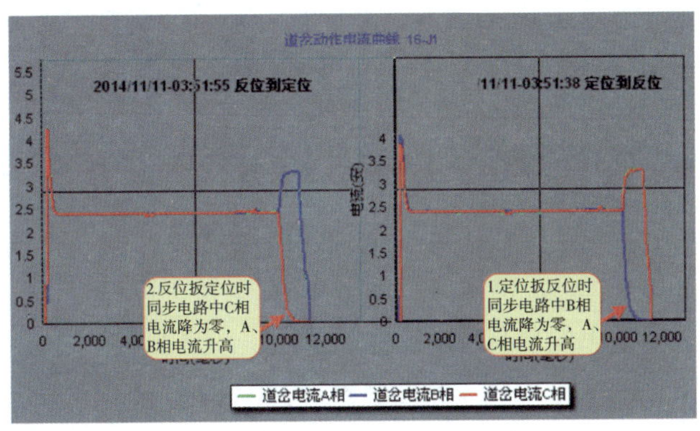

图 1－107 定反位扳动时,同步电路均故障

(1)曲线分析

ZY(J)7 型道岔动作曲线在到位前出现短时间断相,即说明其同步电路出现故障。同步电路故障存在隐蔽性,不容易得到及时解决,存在以下两个方面原因:一是在主副机不同步时间较短(短于 1DQJ 缓放时间)的情况下,电机断电后副机仍可通过液压传动的惯性到位,

一般不会造成道岔断表示；二是同步电路只在主机先于副机到位时起作用，在现场涂油养护后主副机基本能同步到位，此异常曲线消失，隐藏了同步电路故障的隐患。

(2)原因分析

同步电路故障，具体判定方法及故障点见表1－4。

表1－4 ZY(J)型电液转辙机同步电路故障汇总

故障现象	曲线描述	故障点范围
定位扳反位时同步电路开路	C相电流为零	单红线经过电路(在道岔表示正常情况下还能排除表示通道共用的电路部分)
	B相电流为零	单紫线经过电路
反位扳定位时同步电路开路	C相电流为零	单蓝线经过电路
	B相电流为零	单绿线经过电路(在道岔表示正常情况下还能排除表示通道共用的电路部分)
定反位扳动时同步电路均开路	定→反C相电流为零 反→定B相电流为零	红线和绿线共同经过电路
	定→反B相电流为零 反→定C相电流为零	紫线和蓝线共同经过电路

发现同步电路故障时，可要求现场对副机进行空转试验，如果主机到位后电机即停转，说明同步电路故障，也便于现场测量查找。

11. 道岔动作完毕后“小尾巴”过长(图1－108)

(1)曲线分析

从图1－108中左侧故障曲线看出：道岔已正常到位，且室外表示电路已构通。

从道岔启动电路可知，道岔到位后，由于室外断开启动回路，DBQ中无交流转辙机电流流过，不再输出直流电压，使BHJ落下，从而断开1DQJ自闭电路。“小尾巴”长度取决于1DQJ缓放时间，一般在1 s左右，而图1－108中“小尾巴”时间近10 s，整个道岔曲线记录时间达13 s，说明道岔到位后1DQJ自闭电路未断开，直至达到13 s的转换时间上限后由于 TJ(或 DBQ)时间特性才使 1DQJ 落下。

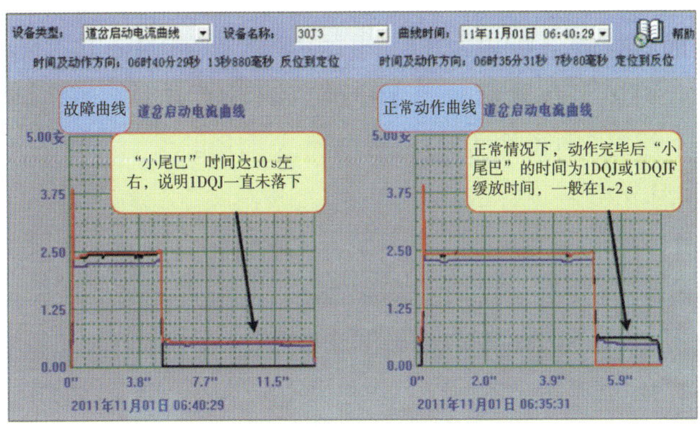

图 1—108　道岔动作完毕后"小尾巴"过长

(2)原因分析

断相保护器 DBQ 特性不良。

12. 道岔正常动作完毕后无"小尾巴"(图 1—109)

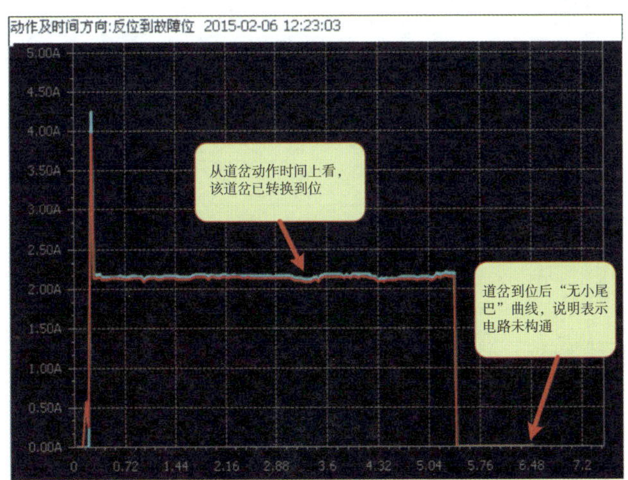

图 1—109　道岔正常动作完毕后无"小尾巴"

(1)曲线分析

图 1－109 中,转换时间、电流值等均正常,说明道岔已到位。由前文对正常曲线的分析中可知:“小尾巴”的产生来自道岔到位后自动开闭器接点接通了室外部分表示电路,定位为 X1、X2,反位为 X1、X3。因此,无“小尾巴”则说明上述表示电路未构通。

(2)原因分析

①ZY(J)型转辙机卡缺口(含转换锁闭器)。

②S700K 型道岔密贴检查器卡缺口(或接点不通)。

③道岔表示二极管开路或表示电路通道故障(可结合道岔表示电压共同分析)。

13. 道岔动作完毕后“小尾巴”数值超标(图 1－110)

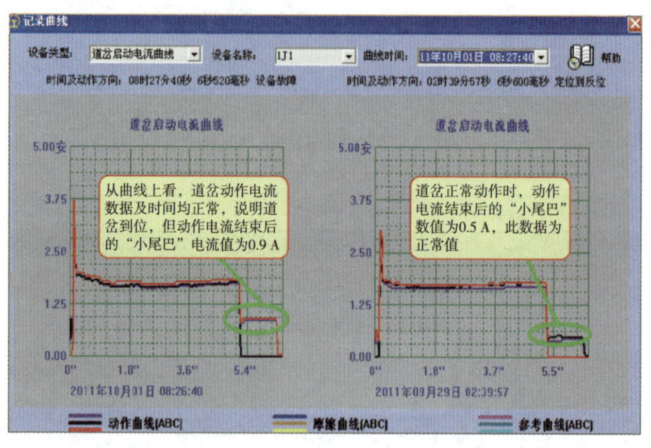

图 1－110　道岔动作完毕后“小尾巴”数值超标

(1)曲线分析

对道岔正常动作曲线分析可知,“小尾巴”的电流数值大小取决于表示回路电阻。道岔到位后,在 1DQJ 缓放时间内向室外送出的电压仍是交流转辙机电压 380 V,而室外负载即为表示回路的电阻。此两相电流值通常在 0.5 A 左右,且电流数值应保持不变。此电流值发生变化,说明表示电路通道中有异常,导致回路中阻值发生变化。

(2)原因分析

①室外电阻不良。

②道岔室外二极管不良。

14. 道岔动作曲线正常,道岔无表示(图1—111)

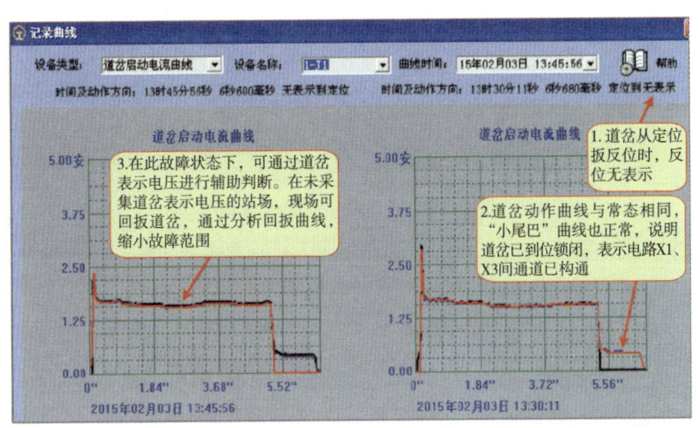

图1—111 道岔动作曲线正常,道岔无表示

(1)曲线分析

图1—111右侧故障曲线,道岔定位扳反位时动作电流曲线与正常情况完全相同,说明道岔已动作到位并锁闭,为表示电路故障。且通过“小尾巴”形成原理可知表示电路X1、X3间通道已构通,室外二极管及电阻等均良好,故障点在“小尾巴”无法检查到的表示电路中的X5,以及室内表示电路部分。

在此情况下,若集中监测系统有道岔表示电压采集,可对表示电压进行分析,判断故障范围;若集中监测系统未采集道岔表示电压,现场可回扳道岔,通过分析回扳曲线来辅助分析,缩小故障范围。

(2)原因分析

表示电路开路,具体判定方法及故障点见表1—5。

表 1—5 “小尾巴”曲线正常时故障点汇总

曲线描述	回扳曲线描述	故障范围
定位向反位扳动时，动作电流曲线正常，道岔无反位表示	C 相断相	X5 通道中，表示与启动公共部分开路。具体为 1DQJF21 接点、2DQJ121-122、室外接点组 41-42、三相交流转辙机 W 线圈，以及相关电缆、端子配线
	回扳曲线正常，道岔有定位表示	反位表示电路中，与启动及定位表示不公用的部分开路。具体为 1DQJF21-23 接点、2DQJ131-133、FBJ 线圈，以及相关配线
	回扳曲线正常，道岔无定位表示	反位表示电路中，与定位公用的部分开路。具体为 1DQJ11-13 接点、BD_1-7 变压器、表示电路电阻、1DQJ21-23 接点、2DQJ131 接点，以及相关配线
反位向定位扳动时，动作电流曲线正常，道岔无定位表示	B 相断相	X4 通道中，表示与启动公共部分开路。具体为 1DQJF11 接点、2DQJ111-113、室外接点组 11-12、三相交流转辙机 W 线圈，以及相关电缆、端子配线
	回扳曲线正常，道岔有反位表示	定位表示电路中，与启动及反位表示不公用的部分开路。具体为 1DQJF11-13 接点、2DQJ131-132、DBJ 线圈，以及相关配线
	回扳曲线正常，道岔无反位表示	定位表示电路中，与反位公用的部分开路。具体为 1DQJ11-13 接点、BD_1-7 变压器、表示电路电阻、1DQJ21-23 接点、2DQJ131 接点，以及相关配线

（二）多机牵引道岔典型故障

多机牵引道岔每一个牵引点的动作电路和表示电路是单独设置的，与单机牵引道岔基本相同，只是在动作顺序、故障保护以及道岔总表示等方面增加了电路关联。因此在分析多机牵引道岔动作曲线异常时，需对每一分动曲线进行查看，重点是判断出哪一分动或关联电路的问题。

1. 道岔尖轨（或心轨）动作时间短（图 1—112）

（1）曲线分析

从图 1—112 曲线分析，尖轨三个转辙机中 J3 动作时间最短。如前所述，多机牵引道岔尖轨（或心轨）其中一动因故不能动作到位时，其他分动转辙机也将由于 ZBHJ、QDJ 的落下而切断 1DQJ 自闭电路，说明 J1 和 J2 是被 J3 故障影响而造成无法动作到位，应查找 J3 道岔存在的问题。

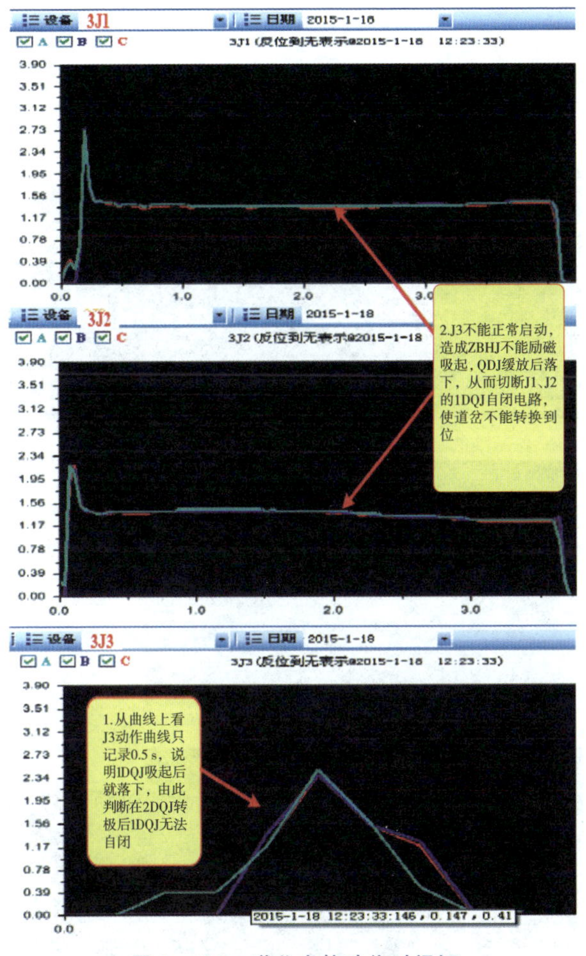

图 1—112　道岔尖轨动作时间短

多机出现动作时间过短且时间不一致时，必须查看所有转辙机的动作曲线，时间最短的分动转辙机才是故障点。

同样，在多机牵引道岔多机均出现空转现象时，可重点对回扳时间最短的转辙机进行检查，原因可能是由于其不解锁造成相邻分动转辙机无法到位而空转。

（2）原因分析

对动作时间最短的分动转辙机动作曲线进行分析，分析方法及原因同单机牵引道岔。

2. 道岔尖轨（或心轨）动作时间均为 2～3 s（图 1－113）

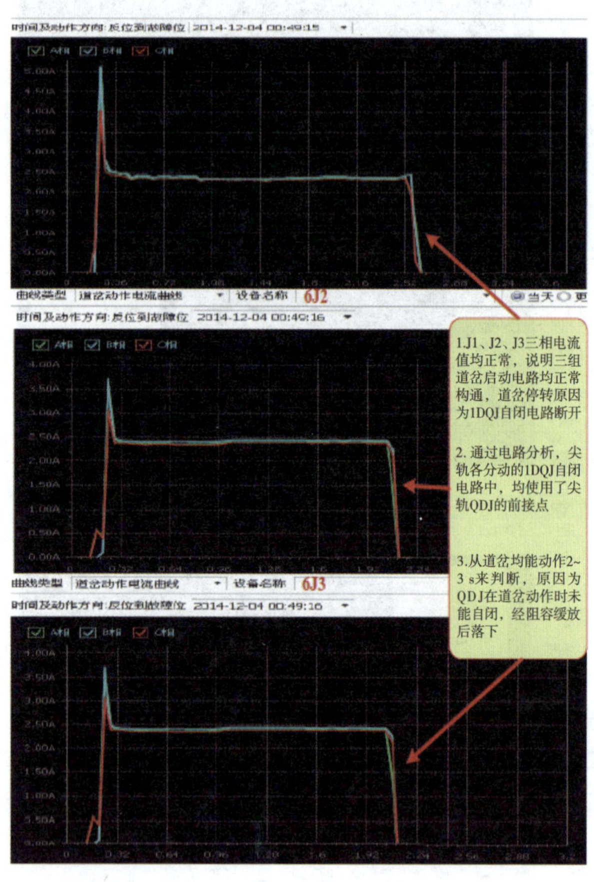

图 1－113　道岔尖轨动作时间均为 2～3 s

（1）曲线分析

从曲线分析 J1、J2、J3 动作时间均在 2 s 左右，且三相电流值均正常，各分动 1DQJ 均无法自闭，而 J1、J2、J3 中 1DQJ 的自闭电路均需检查 QDJ 的前接点，而 QDJ 的吸起又需检查阻容元件及 ZBHJ 吸起，因此需重点检查 QDJ 电路(含阻容元件)及 ZBHJ 电路。

若每分动动作时间均在 1 s 左右，说明该 QDJ 常态即为落下状态，需检查 QDJ 励磁电路。

此案例中每分动动作时间均大于 2 s，说明 QDJ 在道岔动作前保持在吸起状态，在道岔动作时缓放落下。

(2)原因分析

①阻容元件特性不良，导致扳动道岔时 QDJ 落下(此类故障时因阻容缓放时间特性问题，每次扳动时故障现象可能不固定)。

②QDJ 自闭电路不良，导致扳动道岔时 QDJ 落下。

③ZBHJ 电路故障(含自身线圈及各分动 BHJ 接点接触不良)，导致 ZBHJ 在扳动道岔时无法吸起。

(三)转辙机机内不锁闭

1. 曲线分析

回扳动作曲线在 0～0.6 s，一般可判断为转辙机机内不锁闭，如图 1－114 所示。

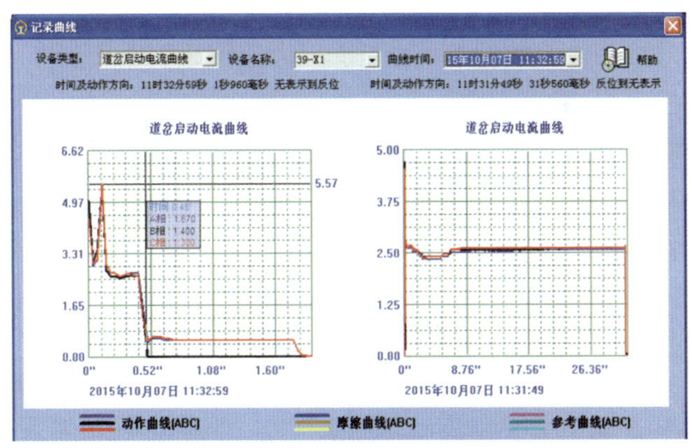

图 1－114　转辙机机内不锁闭

2. ZY(J)7 型转辙机

(1)原因分析

①转辙机内启动片和动作板斜面无活动间隙,或动作板旷动,启动片固定松动,启动片碰动作板。动作板上沿面、启动片注油不良。

②油缸内油量低或油管内有空气,油管有裂缝,接头处密封不良,油泵不保压。

③由于线路振动、轨枕偏移造成转辙机和杆件不方正,动作杆与转辙机法兰框磨卡。

(2)病害整治

①加强转辙机内部检修质量,机内各注油孔应注油良好。

②定期对油量检查、液压测试及油管路外部检查。

③发现不方正的道岔,及时联系工务部门进行整治。

3. S700 型转辙机

(1)原因分析

①斥离尖轨反弹、侧弯造成道岔锁闭后电机反转,转换到位后锁闭杆回退,机内锁舌与动作杆锁闭槽无间隙、别劲,内锁舌不能正常缩入。

②转辙机密封不良进潮、进水,引起差动板生锈、齿轮生锈,缺油卡阻。

③机内清扫不良有异物,尤其是机内底部止挡台上。

④转换力变小或不稳定。

⑤转辙机水平不良,动作杆与锁闭杆连接处有高低,引起法兰框挤压、磨卡动作杆,增加转换阻力。

(2)病害整治

①联系工务部门对尖轨跟端的轨距块进行合理调整,消除反弹。

②加强机内各部清扫、注油。

③定期对道岔转换力及转换阻力进行测试。

④对转辙机的水平高低进行调整。

（四）斥离轨不解锁

1. 曲线分析

回扳动作曲线在 0.5～1.3 s[ZY(J)7 型稍长]，一般可判断为斥离轨不解锁，如图 1－115 所示。

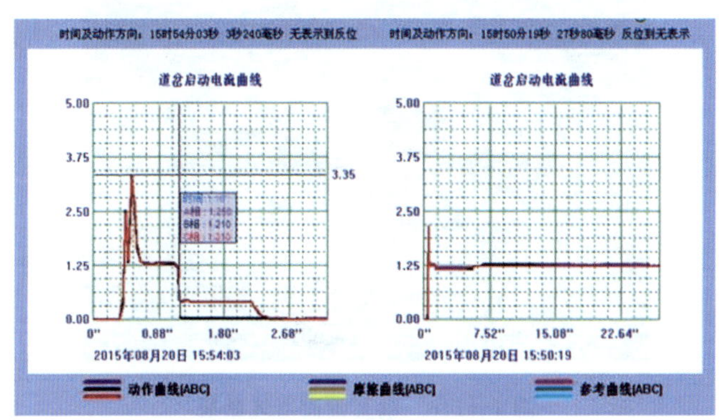

图 1－115　斥离轨不解锁

分动外锁闭道岔转换时，转辙机内部解锁后，首先动作杆带动斥离轨运行约 30 mm，锁钩底部从锁闭杆凸台滑下，同时锁钩头离开锁闭铁锁闭面落下，斥离轨正常解锁。

斥离轨不解锁占提速道岔不解锁故障的比例一般高于 60%，特别是在每年高温季节或昼夜温差较大时，尖轨窜动、框架变化、调整不良造成杆件别劲、卡阻，导致道岔转换时，斥离轨不解锁，引发道岔故障。

2. 现象一：尖轨不方正，单尖轨窜动

（1）原因分析

①正常情况下，道岔转换时锁钩能在轴销上自由横移 3～6 mm，受气温升高、线路应力影响，尖轨慢慢地前窜，而无缝线路基本轨基本无窜动余量，锁闭框基本不移位，尖轨移动的同时，带着轴销上的锁钩缓慢前移，而锁钩头在锁闭铁内不动，从而使锁钩整体侧斜，与轴销不垂直，侧向别劲，道岔转换时锁钩在轴销上不能自由横移，轴销不能相应顺滑。尤其在高温时段，道岔超过半小时未扳动的此现象更明显。

②维修人员因锁钩与轴销不垂直别卡，而调松密贴，加大了列车过岔时的有害空间，锁钩内铜套侧面磨耗，如图 1－116 所示。

图 1－116 铜套侧面磨耗断裂

③锁钩注油孔、外锁活动部位注油不到位。

(2)病害整治

①调整锁钩位置和角度。松开锁钩连接铁两固定螺母，使用手锤轻轻打击连接铁上平面，让其自然形成喇叭口，使锁钩整体基本在锁闭杆中间，锁闭杆凸台与锁钩下部缺口接触面两边间隙均匀，在开口较大的一边加适量的半片调整片，紧固螺丝后，目测锁钩与轴销基本垂直，如图1－117所示。

调整后应对密贴进行检查调整。平时检查时，应做到敲锁钩，轴销不动；敲轴销，锁钩不动。

②调整锁闭铁，消除锁闭铁与锁钩的磨卡。松开斥离侧锁闭框上锁闭铁两固定螺母，检查锁闭块是否能轻松自如取出。如遇到有别劲无法正常取出，用手锤轻轻敲击锁闭铁上部平面，拉出时使其自然形成一个喇叭口，在较大缝隙一面加垫适量的半片调整片，使锁闭铁通道与锁钩头部不磨卡，如图 1－118 所示。

图 1—117　调整锁钩位置和角度

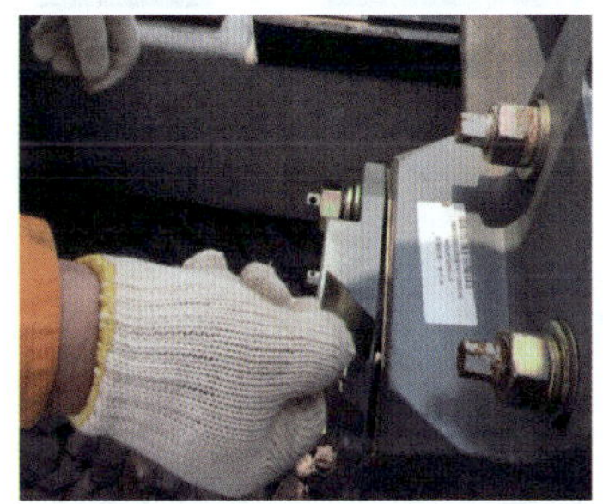

图 1—118　调整锁闭铁

3. 现象二:在静止位时,锁闭杆横向左右不能自如活动

(1)原因分析

①转辙部位工务框架不良,直、曲基本轨前后错位、不方正。

直方尺放置于直基本轨锁闭框螺栓孔中心,在对应的曲基本轨上划线,两线距离为两基本轨的不方正量值,如图 1—119 所示。

②岔枕位置不正确,偏移超标,转辙机安装不方正。

(2)病害整治

①解决锁闭杆与锁闭框磨卡。以直基本轨为基准,用直方尺测量两基本轨的错位量,根据错位量对两端锁闭框进行前后调整,两端的调整量以各取 50%为宜,减少两端锁闭框错位量。调整后要注意检查和观察,手摇或转换道岔时,锁闭杆运动过程是否平直、灵活,同时观

察锁闭杆导向槽与导向块(销)有无磨卡、打击印痕。

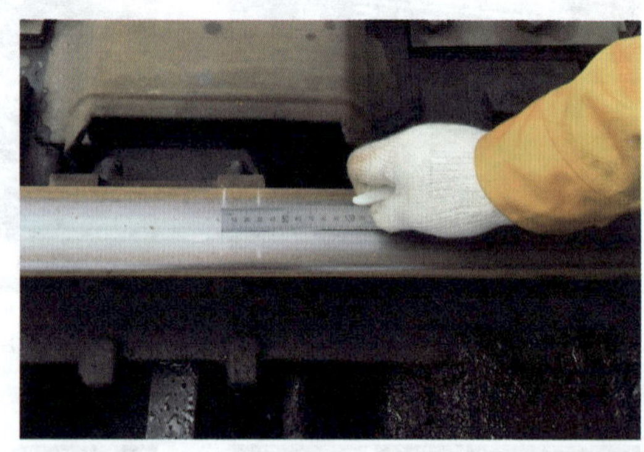

图 1－119 不方正测量

②解决锁闭杆与动作杆不在一条直线问题。锁闭框与锁闭杆调整良好、不磨卡后,测量转辙机安装方正,发现岔枕偏移、转辙机不方正,使得转辙机动作杆与锁闭杆有较大的折角时,应要求工务方枕,如图1－120和图 1－121 所示。

图 1－120 岔枕偏移杆件不平直

图 1－121 按标准尺寸方枕

4. 现象三:道岔解锁转换初始时,斥离尖轨锁钩上拱不解锁

(1)原因分析

尖轨状态不良,基本轨胶垫破损、缺失;导向销、块打击锁闭杆导向槽后产生豁口。

(2)病害整治

①日常加强对尖轨状态、基本轨胶垫的检查,发现尖轨状态不良

和胶垫破损、缺少应及时联系工务部门进行整治更换。

②松开锁钩连接铁固定螺丝，锁钩自然下沉至标准高度后，查看连接铁上半部与轨腰的间隙，将开程片的上半部分加垫在锁钩连接铁内侧的固定螺栓上面，一般垫 1～2 mm 即可。调整后横向敲击锁钩左右均能摆动，检查锁钩在轴销上能自由横移，转换时轴销能相应顺滑。

③道岔检修时对导向销、块和锁闭杆导向槽进行磨耗检查，发现不良及时更换。

5. 现象四：道岔转换时，尖轨线形不良，各牵引点动作不一致

(1)原因分析

牵引点处定反位开程偏差较大，各牵引点的开程、锁闭量同侧大小不一致、密贴调整松紧不一致，尖轨假开造成锁钩下面缺口的斜边侧反方向支顶、磨压锁闭杆凸台。

(2)病害整治

按要求对各牵引点开程、锁闭量和密贴进行调整，消除斥离尖轨假开，如图 1－122 所示。

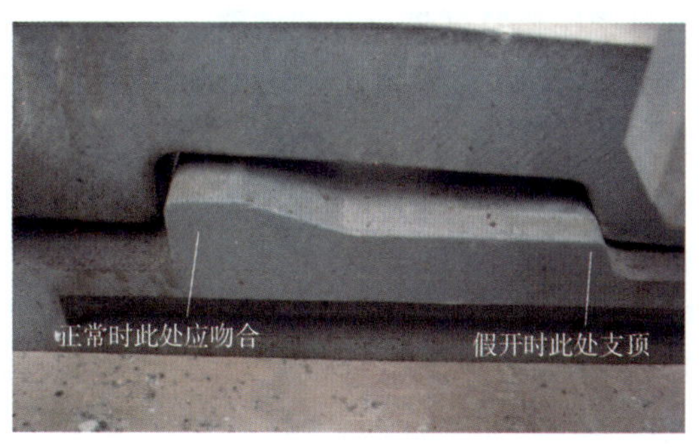

图 1－122　斥离尖轨假开

(五)密贴轨不解锁

1. 曲线分析

回扳动作曲线在 1.3～1.9 s[ZY(J)7 型稍长]，一般可判断为密贴

轨不解锁,如图 1－123 所示。

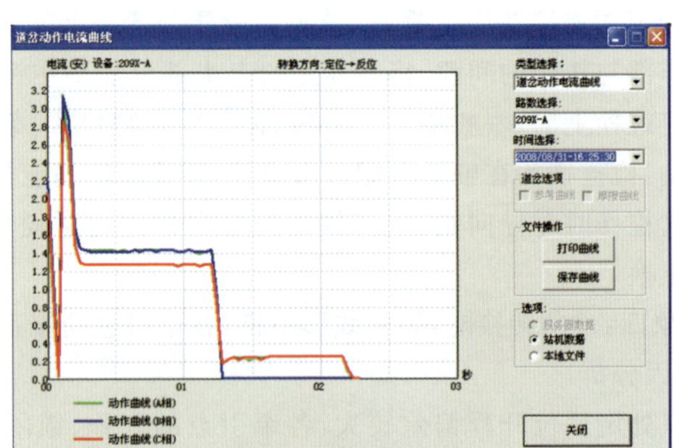

图 1－123　密贴轨不解锁

道岔动作杆运行约 30 mm 后,密贴尖轨解锁,两尖轨一起运动,道岔转换到指定位置后,需要合理的密贴力进行稳定锁闭。提速道岔多机牵引,道岔转换对机械的要求很高,因此要对道岔工电结合部病害进行及时整治,对密贴松紧度进行合理调整。

2. 现象一:道岔转换时,锁闭杆走行 30 mm 后,密贴轨不动

(1)原因分析

①密贴偏紧、轴销弯曲转向后密贴变化,基本轨有肥边压磨密贴尖轨,密贴轨后靠有反弹、硬拉密贴。

②工务框架变化,尤其是外扩造成密贴力加大,转辙部位不水平,尖轨翘头严重,滑床板脱焊、断裂,滑床板插销转向,顶铁压靠尖轨底面。

③滑床板有较深阶梯状磨痕。

④尖轨窜动后、锁钩侧斜,锁钩与锁闭铁不吻合,磨损超标角度不良,如图 1－124 所示。

⑤长时间放置定位的道岔,锁钩活动部位、锁闭面生锈。

⑥心轨工务拼装螺栓松动,造成直、曲心轨固定不良,前后错位,有缝隙、高低,影响密贴。

(2)病害整治

①必须严格按照规定，对各牵引点密贴力、锁闭量进行调整，加强锁钩轴销及外锁活动部位注油和检查，与工务部门协调共同整治存在的病害。

②检查锁钩与锁闭铁上沿面有无大小缝隙，轻轻敲击锁钩头部有无反弹，单边有无侧面磨耗痕迹。如发现锁闭面存在大小缝隙时，将锁闭框往缝隙小的一侧调整；有单边侧面磨耗的应在缝隙大的一侧锁闭铁固定螺栓处加垫半片调整片；同时检查锁钩挡板是否抱死锁闭杆，如图 1－125 所示。

图 1－124　锁钩尾摆磨损

图 1－125　检查锁钩与锁闭铁

3. 现象二：密贴轨解锁滞后

(1)原因分析

①基本轨、翼轨底胶垫缺失、破损，基本轨下沉，引起锁闭框下沉，改变了锁闭角度，解锁滞后。

②心轨各牵引点锁闭量偏差严重超标。

③心轨后部顶铁支顶过紧，前部顶铁间隙较大，翼轨曲折点处不密贴，列车过岔时挤压心轨，造成心轨不解锁。

④心轨跟端顶铁支顶作用不良，道岔转换时后部横移，造成心轨第一牵引点解锁滞后。

⑤液压道岔流量调整不当。

⑥心轨第一牵引点锁钩磨损超标，如图 1－126 所示。

(2)病害整治

①平时应检查基本轨、翼轨底胶垫,发现不良及时联系工务部门进行更换,保持转辙部位基本轨水平良好。

②认真测量,按标准调整各牵引点锁闭量、开程,并做到定反位要顺。

③配合工务部门整治翼轨框架,尤其要使辙叉咽喉和曲折点处尺寸标准,各部顶铁作用合理,如图 1—127 所示。

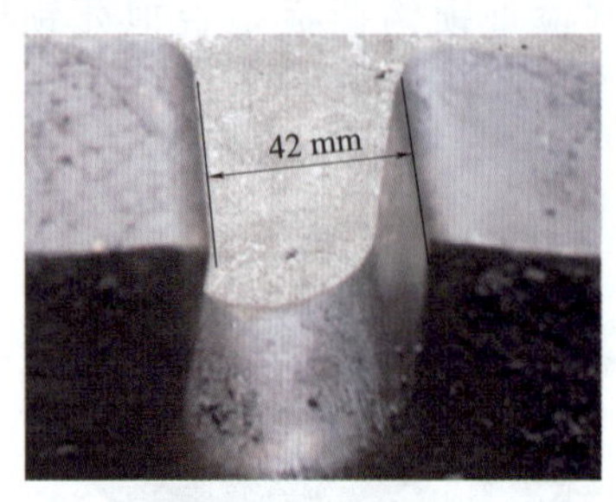

图 1—126 磨 损

图 1—127 咽喉测量

④检查锁钩和杆件磨损情况,发现不良及时更换。

⑤液压道岔流量调整必须做到各牵引点间同步良好。

(六)道岔不锁闭

1. 曲线分析

道岔回扳动作曲线在 4～5 s[ZY(J)7 型稍长],一般可判断为道岔不锁闭,如图 1—128 所示。

2. 现象一:密贴轨已到位,斥离轨、动作杆行程未走完

(1)原因分析

①斥离轨开程、锁闭量偏差大,或防跳限位装置阻挡行程。

②锁钩侧面磨耗,锁闭铁别劲,致使锁钩锁闭角度不良,如图 1—129 所示。

③锁闭杆上限位铁调整不良。

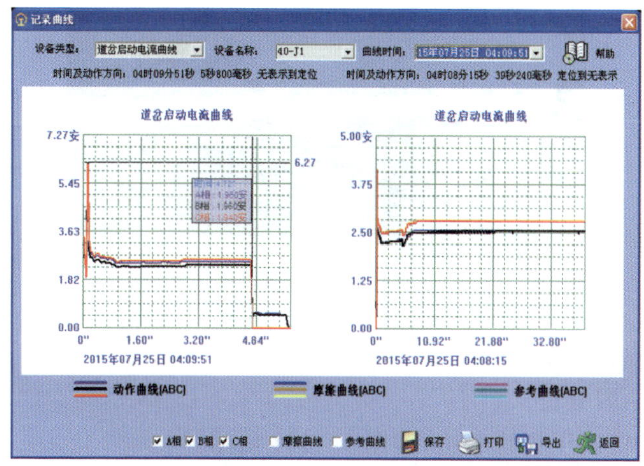

图 1－128　道岔不锁闭

图 1－129　锁钩侧面磨耗

(2)病害整治

①开程锁闭量按标准调整，并同步检查防跳限位装置作用合理、间隙标准，测量尖轨跟端支距良好，轨距块作用良好，如图 1－130 所示。

②检查调整锁钩角度与轴销垂直，检查调整岔枕、锁闭框、杆件，使其方正，杆件无别卡。

图 1－130　测量尖轨跟端支距

3. 现象二:密贴轨不到位,电机仍转动

(1)原因分析

①心轨碰压翼轨底边,如图 1－131 所示。

图 1－131　心轨碰压翼轨底边

②心轨及曲折点肥边,造成中间靠或后靠。

③心轨防跳铁低头。

④心轨滑床板磨出较深阶梯状。

⑤尖轨与基本轨间有异物。

⑥气温变化,窜动过大,密贴尖轨转换后回原位时,因尖轨前窜加宽,密贴变紧。

(2)病害整治

①联系工务部门对存在的框架尺寸不良处所进行整治,消除后靠、中间先靠现象,打磨加强筋及肥边。

②更换不良滑床板或打磨阶梯印痕。

③认真检查和清扫滑床板、杆件。

④检修时合理进行密贴调整。

二、设备故障

(一)道岔电缆芯线混线

1. 故障概况

××站 9 号道岔在扳动过程中定、反位无表示，室外转辙机不动作，电机有异常噪声且室内动作空开跳闸。

(1)道岔刚出现异常时，在 1～7 s 的道岔解锁区和动作区内电流曲线平稳无毛刺，如图 1－132 所示。说明道岔转换时设备正常，电动机动作正常，道岔能转换到位。

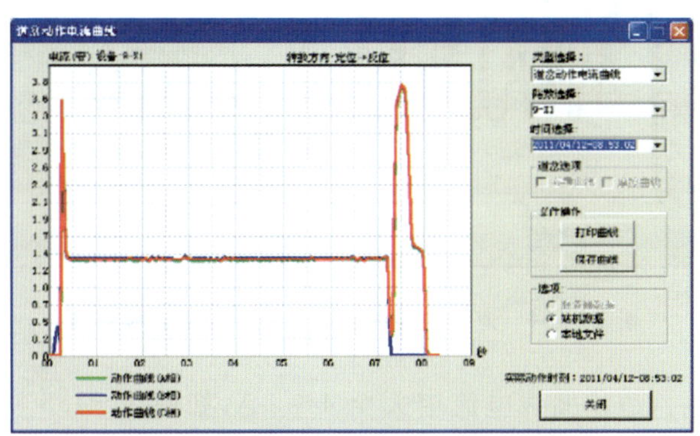

图 1－132　道岔刚出现异常时

(2)道岔出现故障时，道岔解锁后 1 s 内和道岔转换到位后的 1～2 s 内道岔曲线出现异常尖波，如图 1－133 所示。说明在道岔表示回路中经 380 V 动作电压冲击后出现混线或半短路现象，此时出现无表示现象。

(3)继续扳动，道岔动作时整个动作曲线异常锯齿波急剧增多，电流明显增大，如图 1－134 所示。从曲线分析，此时道岔的三根启动线间混线已很严重。

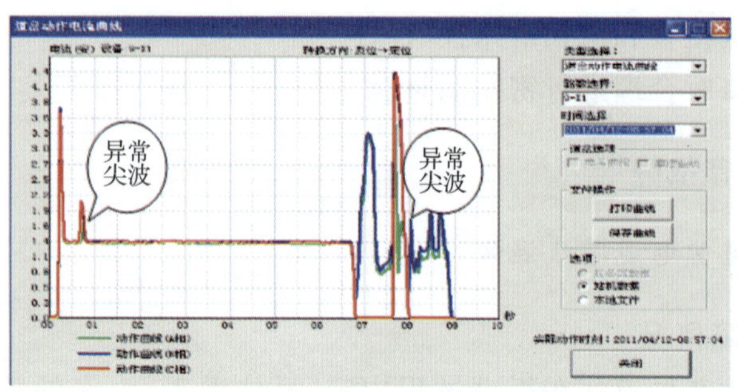

图 1－133 道岔故障时异常尖波

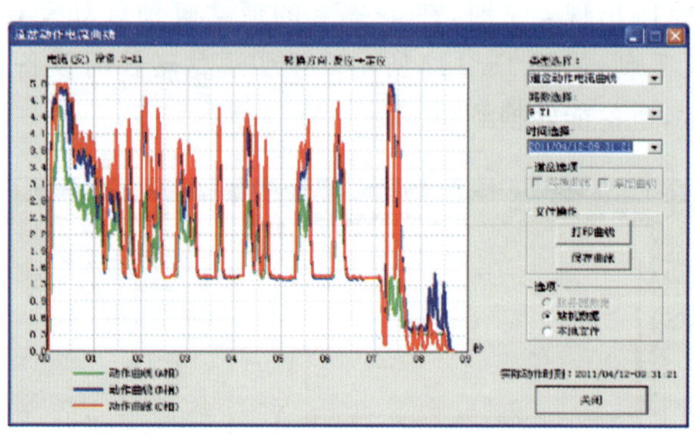

图 1－134 道岔故障时动作电流曲线异常锯齿波

(4)然后，道岔曲线电流增大至 4～5 A，如图 1－135 所示。此时电缆芯线间绝缘被击穿，道岔无法正常转换到位，电动机发出异声，被误导为电机不良。

(5)最终电缆完全被击穿，在扳动的瞬间(1 s 内)启动空开跳起，切断道岔动作，如图 1－136 所示。室外电缆已完全处于混线状态。

2. 原因分析

9 号道岔心轨 ZY(J)7 型电液转辙机(HZ24)至 SH6 型转换锁闭器(HZ24)间 14 芯备 4 芯电缆中 6 芯线间绝缘不良所致，该电缆 8 芯用于沟通 SH6 型转换锁闭器转换到位后的道岔表示电路，因此出现上述曲线异常情况。该 14 芯电缆其中 8 芯电缆线间绝缘大于20 MΩ，

6 芯线间绝缘在 0～0.6 MΩ,但 14 芯电缆对地绝缘均大于 20 MΩ。

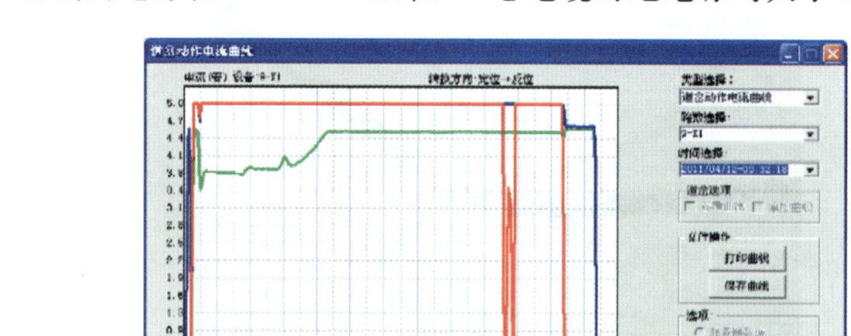

图 1－135　道岔动作电流增大至 4～5 A

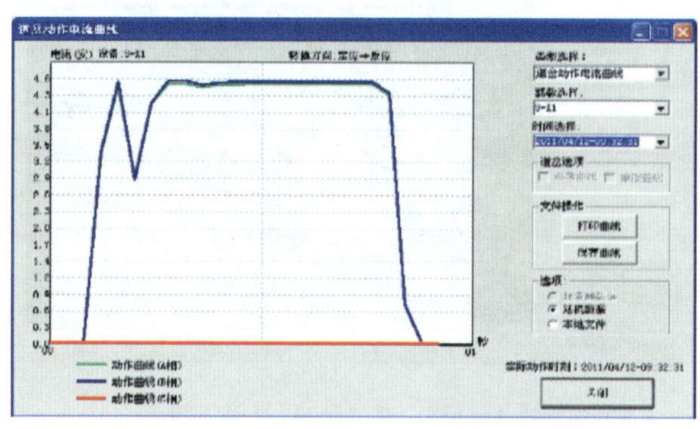

图 1－136　道岔动作 1s 后即被切断

电缆损伤的位置在 ZY(J)7 型电液转辙机(HZ24)至 SH6 型转换锁闭器(HZ24)间靠转辙机侧的 HZ24 保护管下面折弯处,如图1－137所示。

(二)道岔跳表示

1. 故障概况

××站发生 1 号道岔尖轨第一转辙机跳表示故障,通过调看定表电压小时曲线发现交流升高,直流下降(图 1－138),初步判断是室外表示电路开路,接触不良。

图 1－137　电缆损伤位置

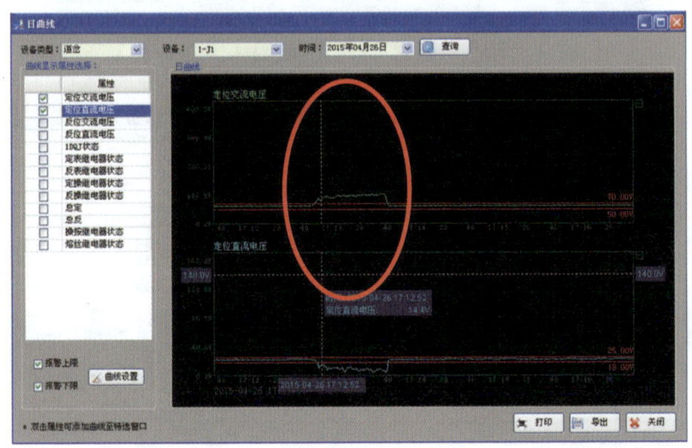

图 1－138　交流升高，直流下降

调看道岔动作电流曲线发现，1 号道岔尖轨第一转辙机反位扳定位 C 相电流曲线下跌毛刺严重（图 1－139），排除室外动作电路短路的可能，初步判断室外 TS-1 接点接触不良。

综合道岔动作电流曲线和定表电压曲线分析，判断道岔 TS-1 接点不良，发现接点 31 和接点 41 拉簧断裂，更换 TS-1 接点座后恢复，如图 1－140 和图 1－141 所示。

2. 原因分析

故障牵涉两个故障点，17:12:52，1 号道岔尖轨第一转辙机跳表示故障发生；17:19:22，1 号道岔尖轨第一转辙机反位扳定位 C 相电流曲线下跌毛刺严重，此时应综合分析表示电压和动作电流，先检查室外 TS-1 接点，如果室外短路，动作电流会变大；交直流表示电压都会变小。本例应该是开路，室外接触不良，概率最大的可能是 TS-1 接点。

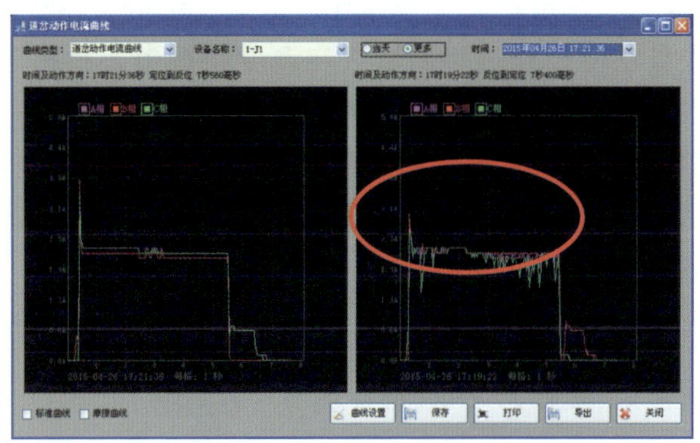

图 1－139　C 相电流曲线下跌毛刺严重

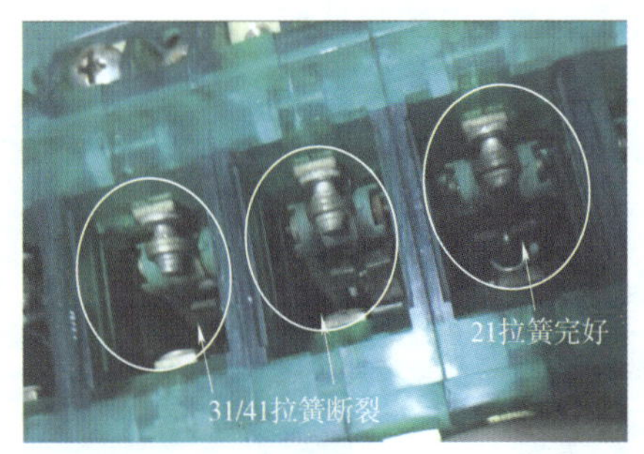

图 1－140　接点不良

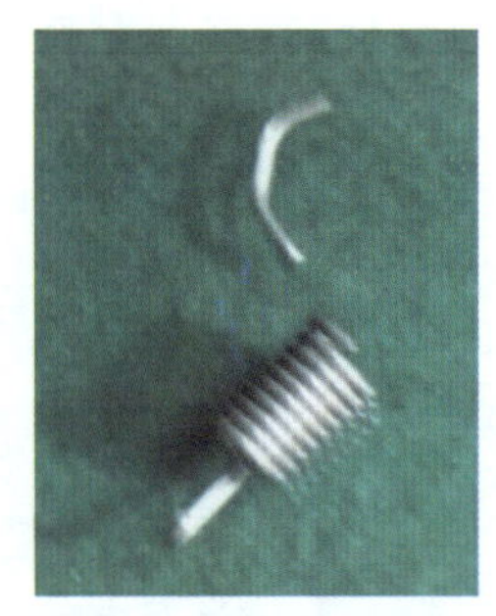

图 1－141　拉簧断裂

或者在发现 1 号道岔尖轨第一转辙机反位扳定位 C 相电流曲线下跌毛刺严重时，先处理 TS-1 接点，然后再查找跳表示故障。一般来说，二者一定有关联，这样能大大缩短故障处理时间。

(三)道岔定、反位无表示(二极管不良)

1. 故障概况

××站 2 号/4 号道岔定、反位无表示。处理人员携带工具、仪表赶往现场，到达 2 号道岔尖检查发现道岔定反位密贴、缺口良好，联系室内配合人员在分线盘进行测试。在调度指挥中心指挥下测试 2 号道岔尖 X1、X2 间交流电压 60 V、直流电压 18 V，判断为二极管不良(图1—142)，要点更换二极管后试验良好(X1、X2 间交流电压 60 V、直流电压 32 V)。

2. 原因分析

2 号道岔尖二极管特性不良造成 2 号/4 号道岔定、反位无表示。

(四)道岔定、反位无表示(齿条块磨卡)

1. 故障概况

上道检查发现 412 号道岔的挤岔板与油缸动作齿条块磨卡(图 1—143)，立即对挤岔板进行了调整，并试验良好。

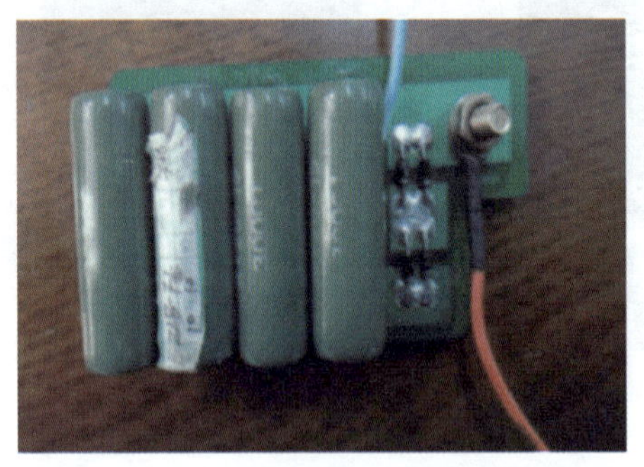

图 1—142 二极管不良

图 1—143 齿条块磨卡

2. 原因分析

412 号道岔的挤岔板与油缸动作齿条块磨卡，造成定、反位无表示。

（五）道岔定位无表示故障（磨卡融雪条固定支架）

1. 故障概况

××线路所 102 号道岔定位无表示。现场检查发现 102 号道岔定位侧尖轨尖端磨卡融雪条固定支架（图 1－144），处理后设备恢复正常。

2. 原因分析

102 号道岔定位侧尖轨尖端磨卡融雪条固定支架。

（六）道岔定位无表示（接点不通）

1. 故障概况

操纵 10 号道岔时发现 1DQJ 未吸起，2DQJ 未转极。要点更换 1DQJ 继电器后，1DQJ 仍然不吸，经测试发现 1DQJ 没有 KF 电源。再次要点更换 2DQJ 后，设备恢复正常。对更换的 2DQJ 现场测试，发现 2DQJ141-143 接点不通。

2. 原因分析

10 号道岔控制电路中 2DQJ 的 141～143 接点间因有阻断性丝毛，导致接点不通，造成 10 号道岔反位不能向定位转换。

（七）道岔定位无表示（静接点虚接）

1. 故障概况

××站 28 号/30 号道岔定位失去表示，挤岔报警。检查发现 30 号道岔可动心轨 2 号转辙机内 15、16 接点虚接，经处理后道岔表示恢复，如图 1－145 所示。

2. 原因分析

自动开闭器动接点轴（长花键）靠近油缸侧外挡圈脱落，动接点轴纵向窜动，导致动接点与静接点片 15、16 虚接。

对脱落的接点轴外挡圈检查发现接点轴外挡圈开口处两个头不在同一平面，该外挡圈质量存在问题，导致挡圈变形没有全部卡入卡槽，列车经过时振动脱出。

图 1－144　磨卡融雪条固定支架

图 1－145　静接点虚接

(八)ZY(J)7 型转辙机动作曲线异常(电源切换造成)

1. 故障概况

信号检修人员试验 2 号道岔 4 mm 时，发现电机在空转过程中突然停转，然后再继续动作。

2. 原因分析

(1)信号人员查看道岔动作电流曲线时，发现在 11 s 多时突变为零，然后再升高(与启动时的电流类似)，如图 1－146 所示，根据曲线现象可以看出，道岔空转过程中出现瞬间断电，然后再次启动至结束。查看回放发现曲线异常时，外电网由Ⅱ路变为Ⅰ路供电；同时了解到供电部门在当晚有检修作业(作业中对Ⅰ、Ⅱ路电源进行切换)。初步判断为道岔在转换过程中Ⅰ、Ⅱ路电源切换造成。

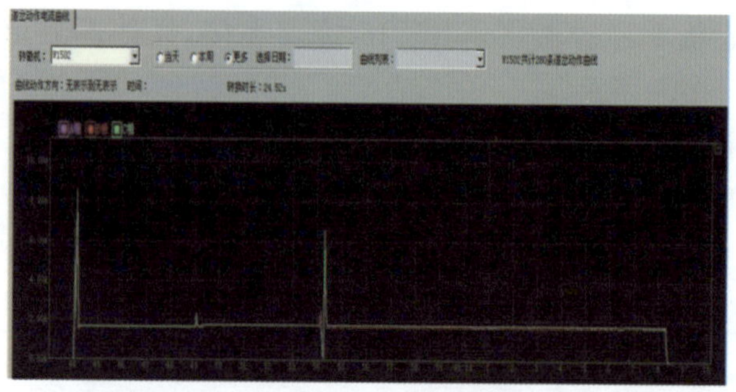

图 1－146　转辙机动作曲线异常

(2)为了验证判断结果，信号检修人员对 3 号道岔进行模拟试验，试验结果与故障现象一致，如图 1－147 所示。

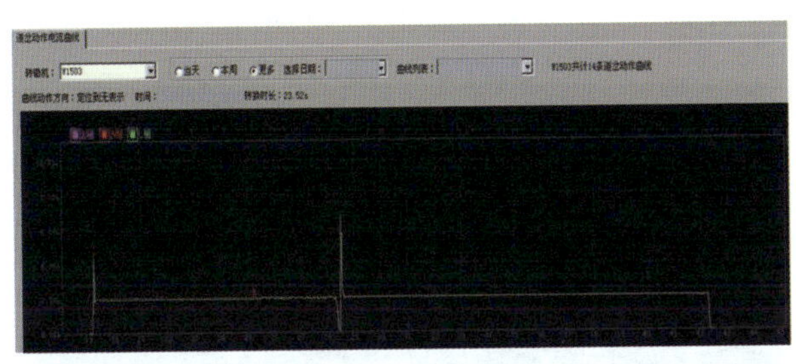

图 1－147　模拟试验

(3)电路分析：当Ⅰ路电源切换至Ⅱ路过程中，三相交流输入电源瞬间断开，DBQ 停止直流输出，使 BHJ 落下。BHJ 落下后断开 1DQJ 自闭电路，此时 1DQJ 在缓放状态，在 1DQJ 缓放落下前Ⅱ路电源已切换至Ⅰ路，道岔启动电源重新被接通，使 DBQ 工作输出直流 24 V，BHJ 继电器重新吸起，接通 1DQJ 自闭电路，确保道岔继续转换。

(九)道岔启动无表示

1. 故障概况

W0405 道岔反位往定位动作时出现无表示，如图 1－148 所示。

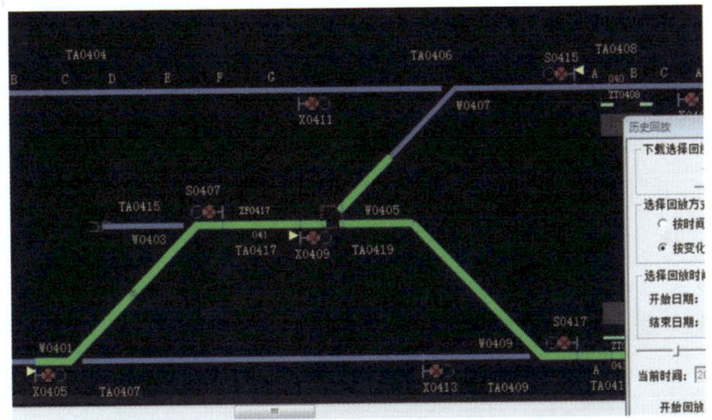

图 1－148　W0405 道岔无表示故障

2. 原因分析

(1)信号值班人员接报后,查看计算机监测曲线,发现三相曲线均有,但是动作时间只有 0.72 s,如图 1—149 所示,初步判断为 DBQ 故障。

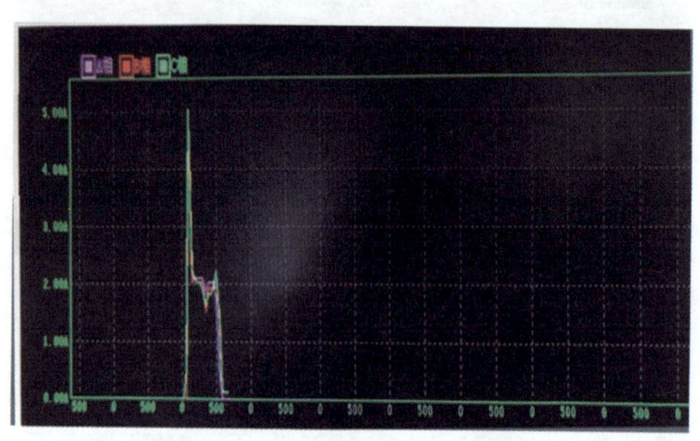

图 1—149 故障电流动作曲线

(2)随后信号人员测试 DBQ 三相交流输出端电压均正常;DBQ 直流输出端 1-2 的电压为零。判断为 DBQ 故障,及时更换 DBQ 后,试验良好,设备恢复正常。

(3)电路分析:当操纵道岔时,联锁驱动 YCJ、DCJ 或 FCJ 吸起,使 1DQJ 及 1DQJF 吸起,2DQJ 转极,然后通过 1DQJ、1DQJF 前接点接通道岔的室外启动电路,DBQ 工作,输出直流 24 V 电压使 BHJ 吸起,BHJ 吸起后接通 1DQJ 自闭电路,确保道岔转换到位。

当 DBQ 故障后,直流无输出,导致 BHJ 不能吸起。1DQJ 继电器的自闭电路不能构通。当 2DQJ 继电器转极后,切断 1DQJ 继电器的励磁电路,此时因其自闭电路不能构通,导致 1DQJ 继电器落下断开道岔启动回路,从而使道岔停止转动。

(十)继电器材质不良

1. 故障概况

5 号道岔动作曲线显示定位到反位有表示,反位到定位无表示,同时定位到反位、反位到定位的动作均正常，如图 1－150 所示。

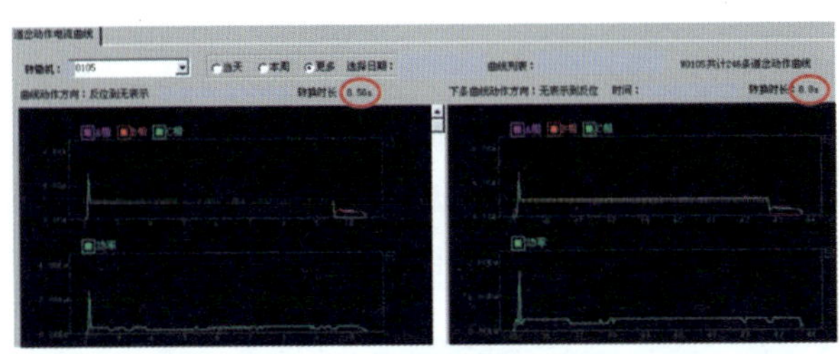

图 1－150　反位到定位无表示

根据正常动作电流曲线分析及“小尾巴”形成原理得知：5 号道岔定位到反位、反位到定位动作电流曲线均正常，室外表示回路通道正常，可以判断为室内表示电路故障。

2. 原因分析

(1)电路分析：针对故障曲线，“小尾巴”正常代表室外表示电路二极管回路正常，故障点在室内；道岔动作正常，故障当时测试 X1、X2 电压为 1.1 V，说明继电器支路正常(如继电支路开路，X1、X2 测试的电压为 70 V 左右)。

(2)测试发现 1DQJF111-113 接点间电压为 116 V，判断为 1DQJF111-113 接点间开路，更换新的继电器后，试验良好。

(3)经检查发现 1DQJF 继电器第一组动接点片脱焊，如图 1－151 所示。

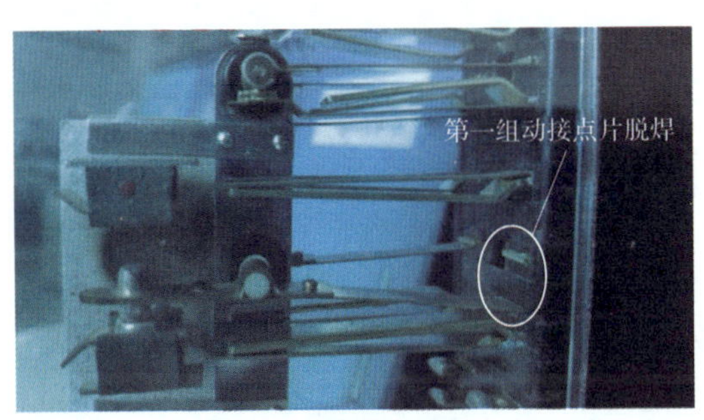

图 1－151　动接点片脱焊

（十一）道岔反位无表示

1. 故障概况

7 号道岔定位到反位无表示，调度所操作一个来回恢复。

经监测分析曲线，判断故障为 7 号道岔尖轨第二转辙机定位操反位到位后无法沟通表示，如图 1－152 和图 1－153 所示。

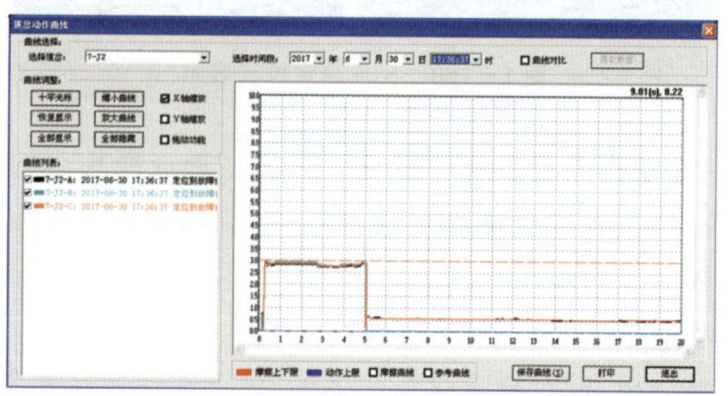

图 1－152 7 号岔尖轨第二转辙机故障曲线

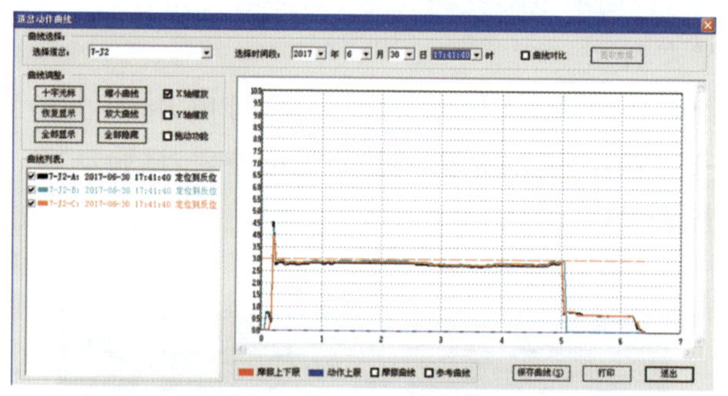

图 1－153 7 号岔尖轨第二转辙机正常曲线

2. 原因分析

根据现场调查情况和试验曲线与故障曲线对比分析，是 7 号尖轨第二转辙机在操岔时，DBQ 特性不良，动作完成后 BHJ 不落下，无法切断 1DQJ 自闭电路，造成道岔动作完成后 1DQJ 不落下。

（十二）联动道岔定位无表示（固定螺栓断裂）

1. 故障概况

××线××站4号/6号/8号道岔（三动道岔）定位无表示，电务人员查看监测发现4号/6号/8号道岔故障时，第三动4号道岔动作电流曲线出现升高现象；查看道岔缺口视频发现4号道岔定位缺口为零（标准为1.5 mm±0.5 mm），判断为4号道岔室外故障，如图1－154～图1－156所示。

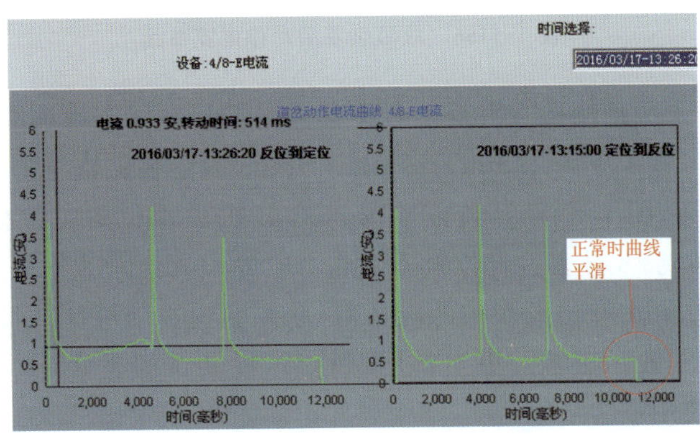

图1－154　故障发生前动作电流曲线

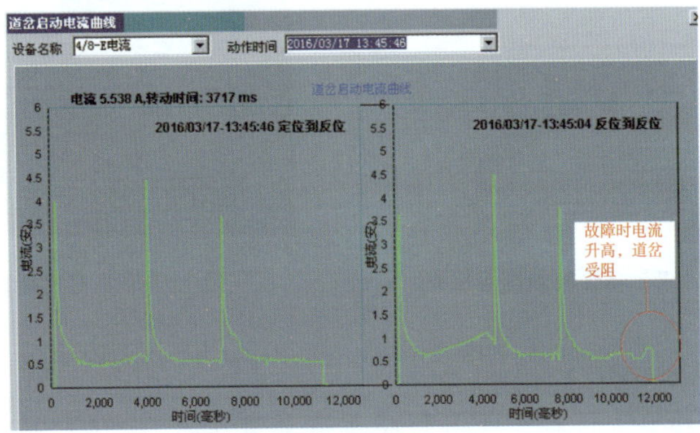

图1－155　故障发生时动作电流曲线

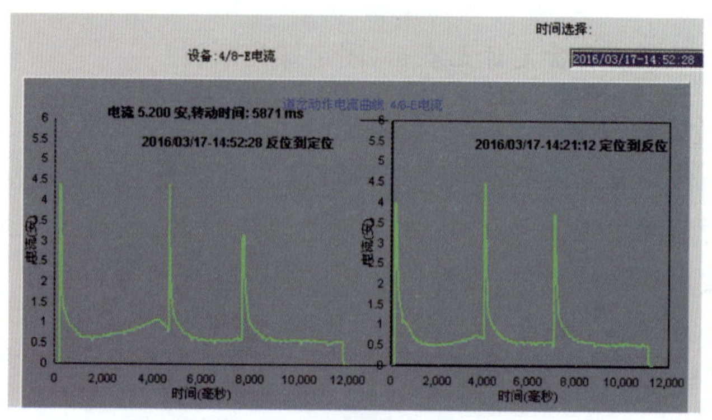

图 1－156 故障恢复后动作电流曲线

电务人员现场检查发现 4 号道岔尖端杆拐铁固定螺栓断裂，螺栓头部(长×宽×厚为 27 mm×27 mm×5 mm)脱落在尖轨与基本轨之间(图 1－157、图 1－158)，造成 4 号道岔 E 机由反位向定位扳动时卡阻，4 号/6 号/8 号道岔定位扳不到底。电务人员会同工务人员共同确认后，电务人员取出断裂的螺栓头部，联系室内扳动道岔试验，动作良好，定、反位表示正常。更换备用螺栓后，扳动试验良好，于 14:18 销记，交付使用。

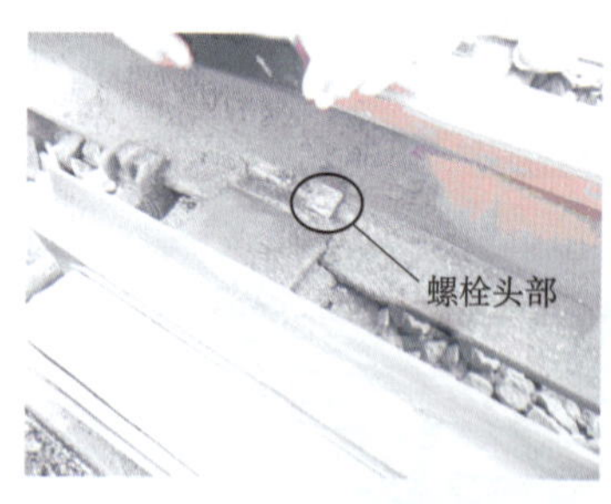

图 1－157 螺栓头部掉落位置

图 1－158 螺栓断裂

2. 原因分析

电务检修人员对 4 号/6 号/8 号联动道岔第三动 4 号道岔尖端杆拐铁螺栓日常紧固力量较大，导致螺栓断裂，断裂的螺栓头部掉入基本轨与尖轨之间造成道岔扳不到底，是造成事故的主要原因。

（十三）道岔定反位无表示（电缆绝缘不良）

1. 故障概况

××线××疏解区 7 号/9 号道岔定反位无表示，经逐步逐项排查，最终确认为电缆绝缘不良所致。

(1)故障表象：室内外配合检查，现场查看 9 号道岔 A 转辙机转动正常，B 转辙机未转动到底时停转，判断为 9 号道岔 B 转辙机故障。打开转辙机进行测量检查，并对转辙机内部进行配线检查，未发现问题。卸开 B 转辙机插接件后室内扳动，A 转辙机转换仍存在跳空开的情况，甩开 A 转辙机至 B 转辙机电缆盒间 X1、X2、X4、X5、X6 所有电缆，室内扳动，A 转辙机转换，空气开关动作。判断为 A 转辙机至B 转辙机间电缆存在问题。

(2)故障确认：使用绝缘兆欧表测试 A 转辙机至 B 转辙机电缆盒间所有电缆对地、线间绝缘，测试结果为 X4、X6 对地绝缘值为 0 MΩ，线间为0 MΩ，6 芯备用芯线对地绝缘值均为 0 MΩ，由于 A 转辙机至 B 转辙机电缆盒间 X4、X6 电缆为并芯，全部分开后进一步测试，发现有一根红色和两根白色电缆芯线对地绝缘值为 0 MΩ，判断 A 转辙机至 B 转辙机电缆盒间电缆(15 m，33 芯备 6 芯)内部绝缘不良。

(3)故障处置：一是临时性处置，为尽快恢复正常的设备使用，现场人员在段技术干部的指导下，对故障处所进行临时抢修更换；二是预防性处置，对故障电缆进行了彻底更换。

更换电缆后绝缘值手摇测试数值为 9 号道岔 X1 为 50 MΩ，X2 为 3 MΩ，X3 为 50 MΩ，X4 为 3 MΩ，X5 为 50 MΩ，X6 为 3 MΩ。

2. 原因分析

××疏解区 9 号道岔电缆在施工铺设时，电缆配线施工工艺不规范，施工时护管接口处防护措施不到位，加之护管受通过列车振动时长期摩擦，A 转辙机到 B 转辙机之间电缆在 B 转辙机电缆盒处护管受损，埋下了事故隐患。

设备管理单位在设备维护、隐患排查整治过程中，没有及时发现护管受损故障隐患，造成内部芯线绝缘层破损，绝缘下降，最终线间混线，在道岔扳动时动作电源短路，如图1－159所示。

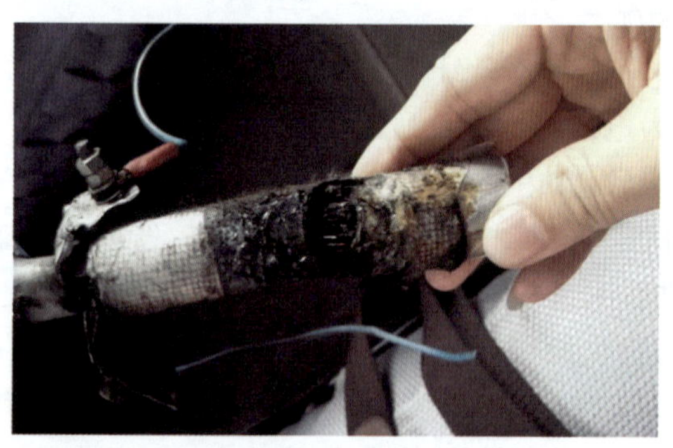

图1－159 电缆损坏

(十四)道岔失表示

1. 故障概况

××站Ⅲ道发车，102号/104号道岔定位挤岔铃报警，经车务、工务、电务人员现场确认，道岔处于锁闭状态，具备开车条件。

(1)调阅102号/104号道岔前后动作曲线，104号道岔在锁闭时动作电流有明显升高，如图1－160所示，通过回放5月8日102号/104号道岔挤岔报警故障记录和调看开关量记录，10:20旅客列车由下行到达场Ⅲ道发车进路排列完毕并开放发车信号，10:23列车发出，10:24列车轧入104DG后102号/104号道岔失去表示，10:28旅客列车停在X1LQG及104DG，此时104DG处于锁闭状态，102号/104号道岔定位无表示，10:46列车出清104DG。

(2)104号道岔故障现象。11:15电务段技术科到达现场后会同车间人员对102号/104号道岔进行开盖检查，发现道岔转换锁闭后动接点小幅度反转，致使动接点与静接点片接触深度不够。

(3)104号道岔J型电动转辙机分解检查情况。5月13日11:00，申请天窗点将 104 号道岔 J 型电动转辙机更换下道，在转辙机测试台进行了极限试验和分解检查。

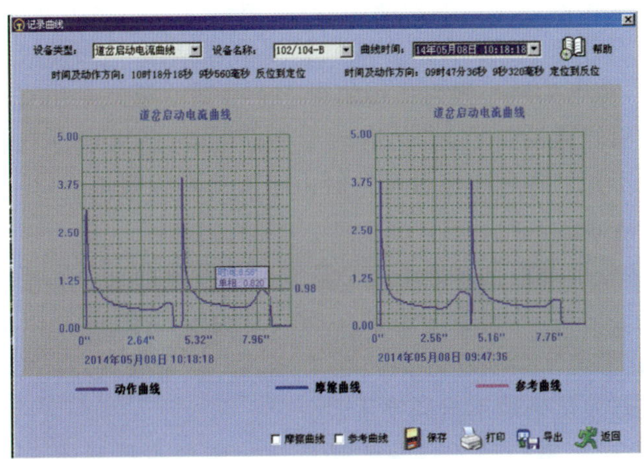

图 1－160　道岔失表示

①当负载力超过 6.5 kN 时，转辙机出现抖动现象，小于 6.5 kN 时，转辙机工作正常。分解检查中发现摩擦带存在过度磨损现象。

②该机启动片(2010 年 1 月出厂)与 2012 年 7 月出厂转辙机启动片缺口进行比对，如图 1－161(右侧为故障设备器件)所示，104 号启动片缺口上开口 33.2 mm、下开口 12.5 mm；2012 年 7 月出厂启动片缺口上开口 37.8 mm、下开口 18.5 mm。该机启动片缺口小 4.6 mm。

③主销有挤压痕迹，副销没有挤压痕迹，如图 1－162 所示。

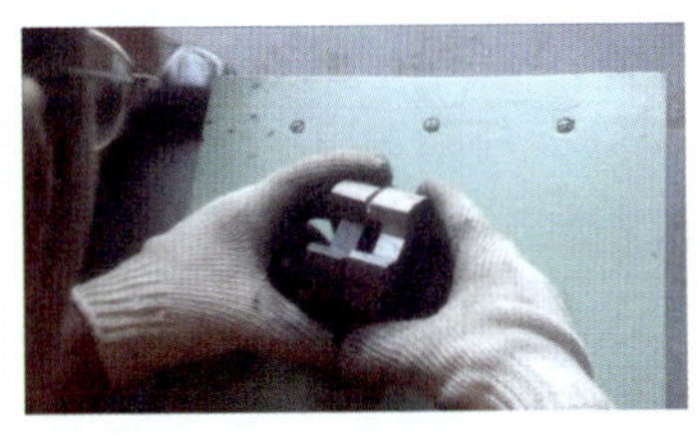

图 1－161　起动片对比

图 1－162　挤切削主销

2. 原因分析

(1)电务维修道岔调整不当是造成此次故障的主要原因。电务维修作业人员在尖轨存在反弹缺陷时,不积极主动联系工务部门整治,而是采取盲目加大牵引力的方式调整道岔,造成道岔密贴过紧。在道岔锁闭后,由于尖轨反弹力作用使得104号道岔第二牵引点J型转辙机锁闭圆弧轻微反转后,带动启动片小幅反转,使得定位表示动节点接触深度不足。在列车经过道岔时由于振动等因素组合,导致该道岔失去定位表示。

(2)工务维修道岔标准不高是造成此次故障的又一主要原因。工务在维修道岔时,片面追求道岔几何尺寸验收评定85分以上为优良的标准,使得道岔尖轨存在的问题被掩盖。由于长期得不到整治,迫使电务维修人员采取不当调整手段。

(3)生产厂家产品质量缺陷是造成故障的重要原因。分解检查104号道岔J型电动转辙机,与2012年7月出厂同型号转辙机进行比对,发现安装在104号道岔J型转辙机启动片缺口上开口小4.6 mm。在电务调整不当的条件下,启动片缺口开口小是引发定位动接点接触深度不足的重要原因。

(十五)9号道岔定位无表示

1. 故障概况

××线××站9号道岔因电务部门漏检漏修发生定位无表示故障,经工务、电务部门现场检查处理后恢复设备正常使用。

经对集中监测、TDCS、综合视频监控进行调阅分析,发现9号道岔反位往定位扳动时,3 s后呈卡阻曲线,初步判断为9号道岔反位扳定位启动瞬间,道岔不能解锁,立即指挥现场进行查找。

现场检查发现9号道岔尖轨第二牵引点反位侧道岔锁钩燕尾与锁闭铁斜面间油腻和砂子较多,导致9号道岔第二牵引点不能解锁,如图1—163所示,立即对第二牵引点处各部位进行清扫注油后,扳动试验设备恢复正常。

图 1—163　锁闭铁处油润不到位

2. 原因分析

设备漏检漏修是事故发生的直接原因。信号工区在对 9 号道岔集中检修及巡视检查中，对道岔尖轨第二牵引点处外锁闭装置锁钩反位解锁困难的问题没有检查发现并处理，对道岔外锁闭装置锁钩、锁闭铁等处的油腻清扫、注油不到位；机车撒下的石英砂掉落在 9 号道岔尖轨第二牵引点反位侧外锁闭装置锁钩上，当道岔从定位转至反位时外锁闭装置锁钩上残留的石英砂进入锁钩与锁闭铁之间形成磨卡，当道岔再从反位转至定位时造成道岔第二牵引点反位侧外锁闭装置解锁困难形成反锁闭，导致道岔发生定位无表示故障。

(十六)电缆损坏道岔失去表示

1. 故障概况

××站 2 号/4 号道岔失去表示，经电务段和项目部查找并对一根被挖断的电缆进行接续处理后，设备恢复正常使用。

2. 事故原因

(1)擅自使用挖掘机挖取道砟平整场地，将信号电缆挖断。事故发生后，现场负责人及作业人员不及时报告电缆挖断信息，遮掩真相，延误抢修时间。

(2)电务段在上行线过渡工程施工结束后，电缆径路上标识不全、埋深不够、设备管理不到位，加之施工监管人员不在岗，对工程单位使用挖掘机平整场地作业监管缺失。

(十七)道岔故障处理错误判断

1. 故障概况

××线路所3号/5号道岔定位操反位时发生空转故障，3号道岔尖轨第四转辙机瞬间挤岔报警。由于白天处理故障错误判断，怀疑断相保护器不良，更换了一个不良断相保护器到3号道岔尖轨第四转辙机。

从集中监测曲线分析尖轨第四转辙机断相保护器不良。尖轨第三、第五转辙机曲线2.5 s断电说明总保护继电器ZBHJ不能吸起，使切断继电器QDJ缓放掉下，切断各牵引点道岔启动继电器1DQJ使电机停电，使尖轨第一、第二、第三、第五转辙机的动作时长只有2.5 s左右。尖轨第四转辙机无曲线说明尖轨第四转辙机道岔启动后不能自闭BHJ未吸取。从曲线分析尖轨第四转辙机断相保护继电器不良，更换尖轨第四转辙机不良断相保护器修复。

上道检查测试尖轨第四转辙机定位锁闭量71 mm、反位73 mm，道岔开口定位113 mm、反位112 mm，符合标准。使用拉力测试仪测试道岔静态作用力为5.6 kN，道岔定位操反位最大阻力为7.84 kN，反位操定位最大阻力为1.6 kN。为消除道岔阻力将锁闭量进行调整为定位69 mm、反位75 mm，此时静态阻力明显下降为2.4 kN，操纵道岔定位操反位最大阻力为4.6 kN。

2. 原因分析

由于道岔长期单边行车，3号道岔尖轨变形，按标准调整的锁闭量(图1—164)道岔阻力增大，造成空转。

通过整治后浏览道岔曲线尾部仍有尖波，现场经过多次调整道岔尾部尖波一直存在，说明造成道岔故障的原因及尾部尖波产生的原因未找到。

利用天窗继续查找发现尖轨第四转辙机内表示杆内六角螺杆安装位置不正确造成阻力增大，如图1－165所示。

图1－164　调整锁闭量

图1－165　安装位置不正确

拆除螺杆后，道岔操纵尾部尖波消失。此时将道岔锁闭量调整两边平衡，道岔阻力定位操反位3 kN，反位操定位2.24 kN，均比之前道岔阻力要小。

（十八）配线虚接导致道岔反位操定位时无表示

1. 故障概况

119号道岔反位操定位时无表示，来回操动道岔，定、反位表示均正常。计算机监测回放可以看出此时道岔各牵引点已转换到位并给出表示，说明道岔各分表示正常，道岔总表示没有。

2. 原因分析

测试119号道岔总表示继电器端电压只有16 V，说明故障为室内配线虚接。经检查组合架零层南非开关处万可端子插接不良，重新插接后，测试继电器端电压为24 V，如图1－166所示。

（十九）室外配线不标准

1. 故障概况

操纵9号道岔无表示，原因是9号道岔尖轨第三转辙机电缆盒外皮烧伤短路道岔动作空气开关冲开，如图1－167所示。

图 1－166 配线虚接位置

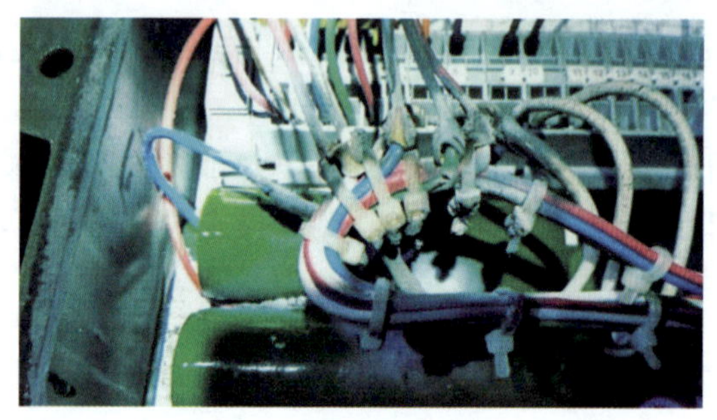

图 1－167 电缆烧破皮位置

从监测曲线分析 9 号道岔尖轨第三转辙机操纵无动作曲线，合上空开再次操纵时道岔启动电流超过 5 A。

2. 原因分析

造成电缆烧伤原因，一是二极管连接未按标准采用软线跨接；二是软线过长、走线方式不正确穿插在两发热电阻之间，长期发热情况下造成软线龟裂。

（二十）大号码道岔调整不良

1. 故障概况

××线路所 1 号/3 号道岔定位操反位 3 号道岔可动心轨第三转辙机空转。

3 号道岔可动心轨第三转辙机在 2.5 s 左右开始空转，可判断道岔未解锁，说明道岔空转由于道岔未解锁。

2. 原因分析

根据检查情况分析，白天天气变化造成道岔密贴等变化加上道岔操纵不同步，使得道岔操纵时可动心轨第二转辙机先到位，第三转辙机还未走出解锁行程，别卡力增大造成道岔无法解锁。

（二十一）大号码道岔尖轨伸缩量大导致道岔不解锁

1. 故障概况

××线××线路所 2 号道岔反位操定位尖轨第一转辙机空转，要点上道检查发现道岔由于尖轨伸缩量大，锁钩与锁闭框侧面磨耗严重，锁钩夹板与外锁闭拉板别劲，如图 1－168 所示。

图 1－168　锁钩与锁闭框侧面磨耗严重

2. 原因分析

2 号道岔尖轨第一转辙机定位锁钩夹板螺丝，初期安装按照要求紧固后，锁钩在锁闭板上的活动空间过小，尖轨伸缩时锁钩憋死形成卡阻。

(二十二)反位无表示

1. 故障概况

××站 6 号/8 号道岔反位无表示。

2. 原因分析

经检查发现,8 号道岔尖轨第一牵引点锁闭铁凸台与锁钩间有细小砂粒,导致第一牵引点不解锁,如图 1－169 所示。

图 1－169 锁闭铁凸台与锁钩间有细砂

(二十三)道岔失表示

1. 故障概况

××站客运车场 101 号/103 号道岔定位失去表示,室内人员进入机械室确认 103 号道岔各牵引点 DBJ 落下,随即询问车站值班员得知,道岔是在某列车通过后失去表示,并对该道岔向反位单操,单操后道岔没有反位表示。室内人员对该道岔进行了扳动试验,确认道岔定位锁闭良好,101 号/103 号道岔 DBJ 中只有 103 号道岔尖轨第二转辙机的 DBJ 落下,确认故障点在 103 号道岔,分析判断故障点在转辙机内部或转辙机电缆盒内部端子接触不良。随即组织人员对各部螺丝、万科端子压接情况进行检查,未发现问题。室内人员测试 103 号道岔尖轨第二转辙机的分线盘 X1、X4 间交流电压为 55 V、直流电压为 45 V,X2、X4 间交直流电压均为 0 V。室外人员在 103 号道岔 HF-7 电缆盒内测试 103 号道岔尖轨第二转辙机的 X1、X4 交直流电压为 0 V，X2、X4 间交流电压 70 V、直流电压 44 V，判断为 HF-7 方向电缆盒至分线盘间电缆 X4 电缆断线，更换备用贯通线后故障仍没有消除。随即对更换的备用芯线进行测试确认，发现备用芯线不通，立即组织人员对贯通电缆进行查找，发现贯通电缆中有一芯室内外不通，立即查找本电缆其余备用芯线。导通备用电缆芯线后，立即更换，道岔表示恢复，经试验良好，恢复使用。

2. 原因分析

室内分线盘 F1-1007-4 至室外 103 号道岔的 HF-7 电缆盒 34 号端子间尖轨第二转辙机 X4 芯线断线，如图 1—170 和图 1—171 所示。

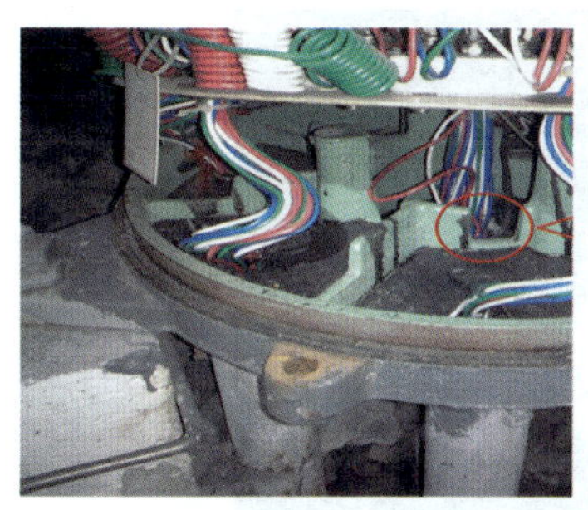

图 1—170　电缆损伤外观情况

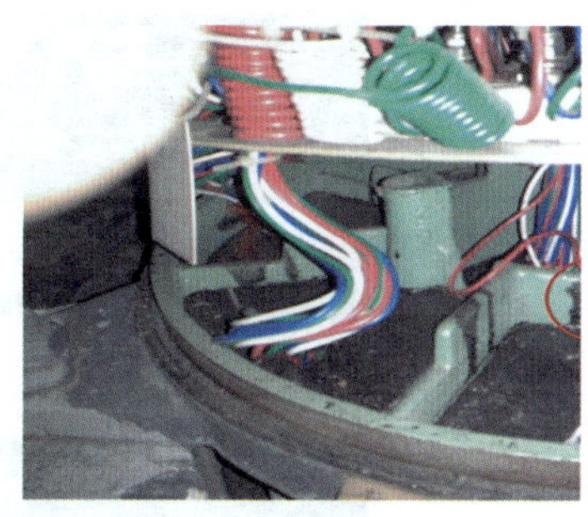

图 1—171　检查过程中电缆拽断后情况

故障发生后，现场作业人员没有按照故障判断处理程序查找故障发生原因，而是盲目判断为 HF-7 方向电缆盒至分线盘间电缆 X4 电缆断线，更换了备用贯通线后故障仍没有消除，此时室外人员对机内配线、密贴检查器、电缆盒配线重新进行核对。将 103 号 HF-7 盒至 103 号尖轨第二转辙机的 HZ24 电缆盒 X1、X2、X4 及 103 号尖轨第二转辙机的 HZ24 盒至密贴检查器间 1 号、3 号电缆分别甩开，进行了对地、线间绝缘和环阻测试，确认两段分支电缆正常。随即又对密贴检查器、转辙机内部配线进行了再次检查，仍然没有发现异状。又将尖轨第一、第二转辙机的二极管进行了倒换试验，故障现象依然存在。

再次将 103 号道岔尖轨第二转辙机的 X1、X2、X4 电缆芯线室内外甩开，测试环阻，才找到 X4 电缆芯线断线故障点。

（二十四）道岔反位无表示

1. 故障概况

××高速线××站 9 号道岔反位无表示，经反复扳动后恢复正常。

2. 原因分析

经过对 9 号道岔锁闭铁、锁闭框进行分解检查发现反位侧锁闭铁有磨耗，造成道岔不锁闭，如图 1—172 所示。

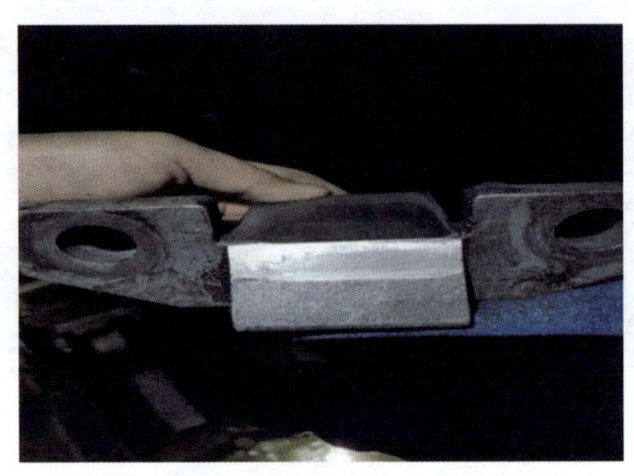

图 1—172 锁闭铁磨耗

三、ZY(J)7 型电液转辙机病害

（一）可动心轨道岔主副机不同步导致道岔不解锁

1. 原因分析

可动心轨道岔尖轨由两根尖轨联结组成，柔韧性差。当二动先动时，一动锁钩向下压锁闭杆，杠杆作用致使一动解锁时动作板被锁钩压住无法动作，不能解锁。

2. 病害整治

扳动道岔时观察一、二动动作情况。可将动作慢的牵引点相应的调节螺栓(在两侧椭圆孔盖内)逆时针方向调整,使两点动作同步;如仍不同步则应将动作快的转辙机相应的调节螺栓适当调紧,减少油量流速达到宏观同步要求。

(二)可动心轨道岔心轨“腰硬”导致道岔不能正常解锁和锁闭

1. 原因分析

(1)心轨在列车长期挤压下和夏季高温时涨轨,向前爬行,造成一动和二动间钢轨密贴,而一动不密贴,这种现象称为“腰硬”。“腰硬”导致可动心轨道岔一动力大,扳动道岔时不解锁。

(2)五机牵引道岔安置于水泥枕上,心轨是固定的,牵引点处使用弹簧铁,对道岔翼轨固定不良。现场道岔基本都在定位行车,受高速列车通过车轮的挤压和振动影响,心轨锁钩带动定位侧翼轨向反位移动,使定位密贴力逐日减小,反位密贴力逐日增大,造成日常维修通过增加定位调整片、减少反位调整片保证道岔密贴力,由滑床板固定间距的两根翼轨整体向反位侧偏移,导致心轨“腰硬”,道岔扳动时解锁不畅。

(3)工务部门为保证线路顺直,经常通过拨动可动心轨翼轨取直,导致翼轨横移。翼轨横移使道岔出现心轨定位或反位侧锁闭力加大,另一侧减小。电务部门只能采取增减调整片,保证密贴力,日久导致一侧无调整片可减,锁闭力过大影响道岔正常解锁和锁闭。

2. 病害整治

(1)由工务部门在气温低时紧固与心轨相连的长轨,在“腰硬”部位让工务人员把翼轨撑开,在翼轨与滑床板之间加铁片,直到一动密贴为止。

(2)由工务部门定期向定位方向拨动固定翼轨的轨枕。

(3)工务部门线路取直时,应以心轨处为中心,向两侧调整线路方向。

(三)心轨与连接铁磨耗导致道岔表示缺口变化

1. 原因分析

部分四机牵引道岔心轨与锁钩的连接方式为间接型而不是直接型,连接铁用两条横穿螺丝固定于心轨上后,卡在锁钩的凹槽内。锁闭杆带动锁钩动作实现道岔转换,而表示杆又连接在连接铁上。经过列车运行长时间振动,心轨与连接铁之间出现磨耗,产生旷动,影响道岔表示口变化,严重时会造成卡口故障。

2. 病害整治

(1)将心轨与连接铁联结加固。

(2)取消连接铁,将心轨卡在锁钩凹槽内,把表示杆直接连在心轨上。

(四)道岔转换阻力大导致道岔不能正常转换

1. 原因分析

外锁闭杆中心线与固定在基本轨上的锁闭框中心线不垂直平行,锁闭框与锁闭杆磨卡,造成道岔转换阻力急剧加大,使道岔不能正常转换。

2. 病害整治

松开两边锁闭框固定螺栓,反复操纵道岔,利用外锁闭杆来回动作,纠正锁闭框位置,再人工微调锁闭框位置,确保锁闭框与锁闭杆不磨卡。

(五)外锁闭框锁闭铁与锁钩粘连导致道岔不解锁

1. 原因分析

锁钩解锁是利用自身重力绕钩轴落下来实现。在锁钩与锁闭框及钩轴等活动部位不清洁油润的情况下,增大锁钩落下的阻力,容易引发锁钩不落下,道岔不解锁。

2. 病害整治

加强清扫注油,特别是雨雪过后,应立刻注油。

（六）内表示杆与机体磨卡导致道岔不锁闭

1. 原因分析

道岔通过独立的长短表示杆与定反位内表示杆连接，在安装杆件或调整道岔缺口时，紧固外表示杆很容易造成相应的内表示杆水平翻转，使本应在垂直方向基本密贴的两内表示杆在上端或下端出现张口。在道岔转换时，就会使内表示杆与转撤机机体方孔套磨卡，增加附加转换阻力。

2. 病害整治

表示口调整时应使内表示杆张口小于 0.5 mm，用扳手卡住外表示杆与尖轨连接处，顺水平翻转的反方向用力，即可消除张口。

（七）转辙机油路渗油严重导致道岔无法扳动

1. 原因分析

油路渗油多发生在油缸两端的注油接头处，发现整治不及时，会使道岔溢流压力超标，严重时因缺少液压油而无法扳动。

2. 病害整治

日常巡视加强油量检查，把道岔扳动到定位或反位单操锁闭，检查每个油缸的注油接头，发现上部渗油紧固调节阀固定螺丝，发现下部渗油紧固油缸固定螺丝杆。螺丝不能拧太紧，以免注油接头受到拉力而渗油。

（八）道岔油缸移位导致道岔突然断表示

1. 原因分析

（1）转辙机固定在岔枕的一端，部分安装位置不平，在长期重力作用下，油缸会有一个倾斜的角度，列车通过时发生振动，油缸就会向外侧移动，时间一长就会顶开表示接点。

（2）冬季上午温度由低到高快速升温的情况下，液压油热缩冷涨，带动油缸移位。

2. 病害整治

(1)要求工务部门捣固道床,使岔枕保持水平。如果道岔处在曲线边缘,岔枕不能水平,就要使电液转辙机保持水平或外侧略高一些,保证油缸不再受重力和振动的作用力而移动。

(2)在冬季上午气温快速升高时,加强道岔的扳动检查。

(九)三相电动机惰性轮抱死导致道岔断表示

1. 原因分析

三相电动机惰性轮抱死,无法将惯性力消耗掉,电机停止后的反作用力造成三相电动机惰性轮反转,使道岔转到底后,道岔表示刚刚出来,自动开闭器接点反弹切断道岔表示。

2. 病害整治

加强注油检查,保证惰性轮摩擦压力轴活连接。

第四节　其他原因故障

一、夹石砟

(一)道岔定位无表示

1. 故障概况

××站15号/17号/19号交分道岔定位无表示。

2. 原因分析

检查发现在17号道岔左曲尖轨第二块滑床板处有一块小石子,清理后道岔恢复正常,如图1—173所示。

(二)道岔反位无表示

1. 故障概况

××线××站普速场109号道岔反位无表示,经现场检查发现109号道岔尖轨与基本轨间夹有一块150 mm×50 mm石块,如

图 1－174 所示，对现场拍照及录像取证，随后电务人员到达现场，与电务人员一同将石块取出后，道岔即恢复正常。

图 1－173　夹石砟

图 1－174　石　块

2. 原因分析

109 号道岔反位侧尖轨与基本轨间夹石头，导致 109 号道岔反位不落锁造成无表示是直接原因。

通过与现场道砟比对，该石块材质、颜色、粒径大小均与现场道砟不同。疑似为故障前 3 趟超限货物列车通过时遗落石块，需进一步分析。

二、夹冰雪

(一)道岔反位无表示

1. 故障概况

××站 4 道接车进路时 16 号道岔反位无表示。段调度人员通过视频查看，发现 16 号道岔反位侧尖轨第二转辙机处夹冰。立即通知现场作业人员，并组织分析道岔故障曲线以及上道应急处置。现场作业人员上道检查发现 16 号道岔反位侧尖轨第二转辙机尖轨与基本轨间夹冰，清扫后恢复正常，如图 1－175 和图 1－176 所示。

2. 原因分析

16 号道岔尖轨第二转辙机反位侧尖轨与基本轨间夹冰。

图 1—175 视频查看

图 1—176 夹冰位置

(二)道岔定位无表示

1. 故障概况

××高速场 24 号道岔定位无表示,作业人员上道处理,设备恢复正常使用。

2. 原因分析

24 号道岔可动心轨第一转辙机定位侧心轨与翼轨间有碎冰块,造成道岔卡阻,如图 1—177 和图 1—178 所示。

图 1—177 未清理时

图 1—178 清 理 后

(三)道岔定、反位无表示

1. 故障概况

××线××站6号道岔定、反位无表示,反复单操后恢复正常。

2. 原因分析

经检查发现6号道岔第二转辙机第一与第二拉杆间有冰溜子,影响扳动,如图1－179所示。冰溜子可能为前方车辆掉落,经车务部门反复单操后被夹碎,道岔恢复正常。

图1－179　冰溜子

三、夹树枝

1. 故障概况

××线××站4号道岔定位无表示。

2. 原因分析

经现场检查发现4号道岔尖轨第一与第二拉杆间夹树枝,处理后道岔恢复正常,如图1－180所示。

四、夹焦炭

1. 故障概况

××站上行5A道岔定位无表示,对5A/5B道岔进行检查,在5A

道岔直股尖轨尖端处发现焦炭一块(图 1－181),取出后设备恢复正常。

图 1－180　夹 树 枝

图 1－181　焦　　炭

2. 原因分析

尖轨尖端处夹焦炭导致道岔定位没有表示。

五、夹混凝土块

1. 故障概况

××站 69 号/71 号道岔反位无表示。

2. 原因分析

现场检查发现××站××下行线 71 号道岔反位第二滑床板有粉末状物体(疑似混凝土块),将粉末状物体清出,检查确认设备正常,如图 1－182 所示。

六、夹 草 根

1. 故障概况

××线××站 12 号道岔反位无表示。

2. 原因分析

检查发现 12 号道岔反位尖轨与基本轨第七滑床板处夹草根造成道岔无表示,如图 1－183 所示。

图 1－182　夹混凝土块

图 1－183　夹 草 根

七、夹 老 鼠

1. 故障概况

××站 14 号道岔反位无表示。

2. 原因分析

14 号道岔反位夹老鼠，如图 1－184 所示。

八、夹闸瓦片

1. 故障概况

××线××站 5 号/7 号道岔定位无表示。

2. 原因分析

检查发现 7 号道岔可动心辙叉反位第三顶铁处夹闸瓦片(80 mm×65 mm)，清理后设备恢复正常，如图 1－185 所示。

图 1－184　夹 老 鼠

图 1－185　夹闸瓦片

第二章　轨道电路设备病害

轨道电路是信号联锁关键设备之一，由于轨道电路露天动态运用，各种综合因素对其影响较大，并且涉及多个相关部门，结合部管理有一定难度。轨道电路红光带是信号设备常见、多发故障，本章主要根据现场红光带故障情况，分析红光带产生原因，在轨道电路地段的作业注意事项请参考相关文件和《铁路基础设施综合维修·维修作业》中轨道电路部分内容。

第一节　病害原因分析

一、信号原因

(1)轨道电路电源引入线、钢轨接续线等生锈断股，如图2—1和图2—2所示。

图2—1　钢轨接续线断股

图2—2　轨道电路钢丝绳锈蚀

(2)轨道电路绝缘破损未及时发现，更换或安装不正确，缺少配件等。

(3)道岔安装装置绝缘季节性分解不到位，绝缘破损短路。

(4)室外送电端 1 A 保险非正常熔断。

(5)XB 箱电缆配线头因列车高速冲击疲劳折断。

(6)二元二位轨道继电器超期使用,接点氧化接触不良。

(7)检修巡视工作不到位,电压调整不良。

二、线路原因

线路引起轨道电路故障的主要原因是钢轨绝缘不良。绝缘接头是轨道电路的重要组成部分,是线路的薄弱环节之一,也是工电结合的主要部位,更是制约安全行车的敏感区域,由于绝缘被拉坏或顶死造成红光带而影响行车的事故时有发生。

(一)原因分析

1. 电绝缘性能不良

(1)生产工艺

①合成胶泥封缝不严,用量不足,涂抹不匀,使夹板与轨腹形成空隙,雨水或湿气进入夹板内部。

②钢轨打磨不合格也会引起胶接不良。

③不正确的钢轨孔,强行穿进螺栓,导致绝缘小套管被挤碎,绝缘失效。

④合成胶泥涂抹在接头夹板上,安装接头夹板和两次紧固螺栓未在合成胶泥固化时间内完成。

(2)设备安装不当

①扣件同时与钢轨、绝缘夹板相碰,道岔绝缘接头用铁制轨距块,弹条不安设绝缘套帽,如图 2—3～图 2—6 所示。

②引接线与绝缘夹板相碰。

③曲线钢轨因侧面磨耗造成钢轨面包死夹板现象比较突出,如图 2—7 所示。

(3)其他原因电压击穿和电流拉弧灼伤

①电压击穿。未设置冗余的回流通道故障后,列车失去接地,车

体对地将可能出现高压，危及人身安全，高压对连接在钢轨上的所有绝缘构成威胁，会出现击穿薄弱环节，形成泄流。

图 2—3　轨距挡板顶夹板

图 2—4　夹板螺丝与弹条接触

图 2—5　铁制轨距块

图 2—6　弹条不安设绝缘套帽

②电流拉弧灼伤。拉弧的高温会导致绝缘节碳化引起绝缘破损，更严重的是可能使钢轨接头处的机械性能发生变化，对行车造成安全隐患，如图 2—8 所示。

图 2—7　侧面磨耗

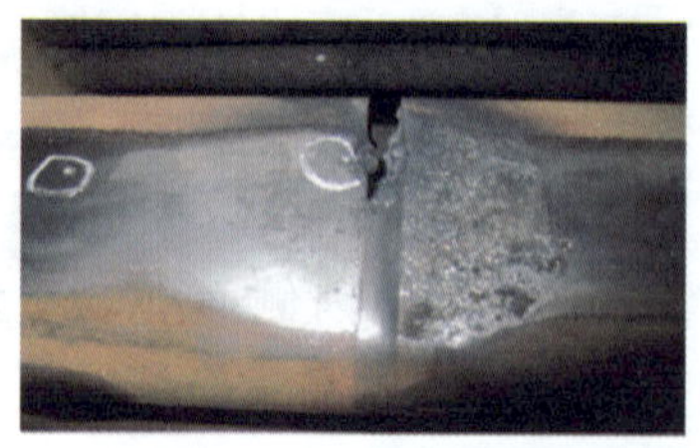
图 2—8　电流拉弧灼伤钢轨

③雾闪击穿。浓雾天气，股道发车时突发红光带，室内设备工作正常，室外出现异常放电击穿产生的巨响，将接触网高压直接泄放至钢轨。上线检查发现多处钢轨绝缘、道岔绝缘被击穿，轨道电路匹配变压器 10 A 断路器跳闸，发生红光带现象，如图 2—9 和图 2—10 所示。

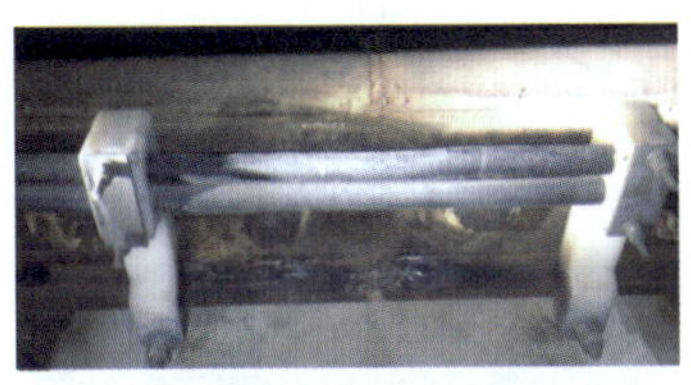

图 2—9　钢轨绝缘击穿

图 2—10　密贴检查器绝缘击穿造成钢轨短路

④雷电击穿。雷雨天气时，直击雷造成受端 PT 损坏、电缆芯线断线，出现红光带，如图 2—11 和图 2—12 所示。

图 2—11　烧灼痕迹

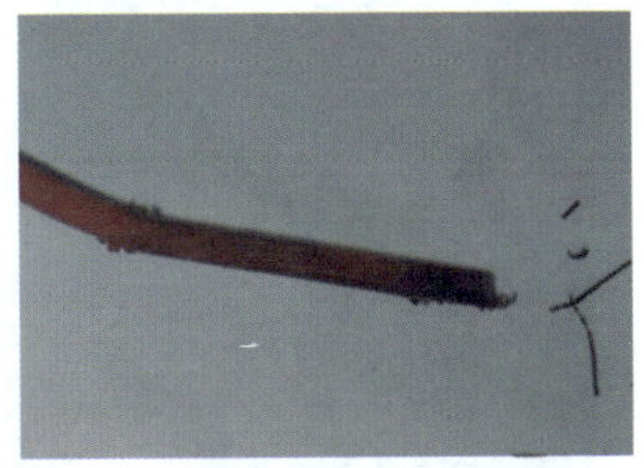

图 2—12　电缆断芯

2. 钢轨绝缘故障

(1)槽型绝缘破损通过接头夹板短路。

(2)钢轨肥边将槽型绝缘短路,造成轨面无电压,如图 2—13 所示。

(3)钢轨扣件超过槽型绝缘将其短路,造成轨面无电压。

(4)钢轨垫板移在轨端下将轨端短路,造成轨面无电压。

(5)轨端挤死造成短路,如图 2—14 所示。

图 2—13 钢轨肥边

图 2—14 轨端上部挤死

(6)绝缘管、绝缘垫破损造成短路:

①绝缘垫破损是紧固绝缘接头螺丝时将绝缘垫挤破,条件必须是轨端两端的绝缘垫破损,如图 2—15 所示。

②绝缘管破损,一部分是更换绝缘时造成,一部分是钢轨伸缩磨损造成。

(7)槽型绝缘两边道钉碰接头夹板,造成短路。

(8)轨距杆绝缘破损,造成短路。

(9)曲上股绝缘前后轨面鱼鳞纹,如图 2—16 所示。

图 2—15 绝缘平垫破损

图 2—16 轨面鱼鳞纹

(10)绝缘接头距枕边过近,绝缘轨缝不在轨枕中间,绝缘端板(工型)距枕边不足 100 mm,一旦空吊接头串动到枕面上有短路风险,如图 2—17 所示。

(11)50 kg/m 钢轨 9 号交叉渡线锐角辙叉护轨过绝缘接头,整治查照间隔夹片时造成护轨水平螺栓与绝缘水平螺栓接触,从而短路,如图2—18所示。

图 2—17 绝缘端板(工型)距枕边过近

图 2—18 螺栓接触

(12)电气化铁路钢轨绝缘接头有磁场,对周围铁屑有吸附作用,绝缘接头夹板吸附大量铁屑易造成短路,如图 2—19 所示。

(13)异物掉在轨缝处,引发红光带故障,如图 2—20 所示。

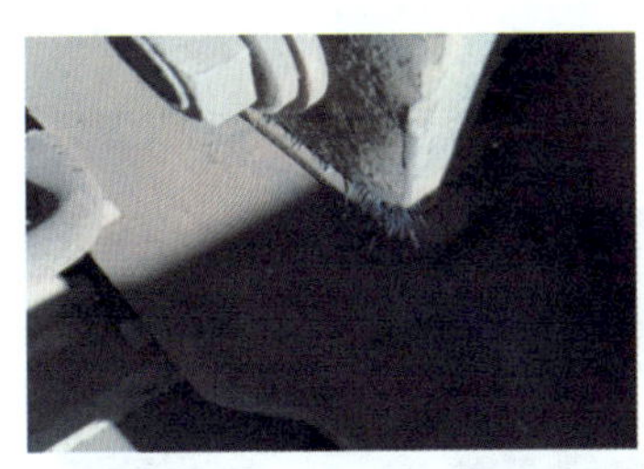

图 2—19 吸附铁屑

图 2—20 异 物

3. 道岔安装装置故障

(1)角钢绝缘破损造成短路。条件是必须轨道两侧的绝缘破损,才能构成短路。

①角钢绝缘管破损。

②道岔滑床板两处碰角钢造成短路。

③L 型铁绝缘板和铁垫板装反造成短路，正常安装角钢上面是绝缘板然后是铁板，装反后造成 L 型铁螺丝和铁板相碰。

(2)各部拉杆、连接杆绝缘破损造成短路。

60 kg/m 钢轨 9 号 SC390 道岔第二连杆在设计上存在缺陷，距离滑床板过近；50 kg/m 钢轨 9 号 CZ2209 道岔第三连杆距离滑床板也较近，如果岔枕爬行，很容易造成连杆穿销或开口销与滑床板接触造成短路，如图2—21所示。

图 2—21　连杆距离滑床板过近

50 kg/m 钢轨 9 号 CZ2214、60 kg/m 钢轨 9 号 SC450 交分道岔拉杆穿销易发生转动，开口销与尖轨接触造成短路，如图 2—22 所示。

图 2—22　开口销易与尖轨接触

4. 绝缘接头养护不当

(1)轨缝设置不合理

《铁路技术管理规程》规定:绝缘接头最小轨缝为 6 mm,最大轨缝为构造轨缝。但由于钢轨爬行等原因,绝缘轨缝很难始终保持这一合理数值不变,存在着过大或过小现象。尤其是当前后出现 3 个以上的连续瞎缝或大轨缝时,遇轨温突然降低或升高,就会出现绝缘被毁现象,造成红光带,如图 2—23～图 2—25 所示。

图 2—23　轨缝小于 6 mm

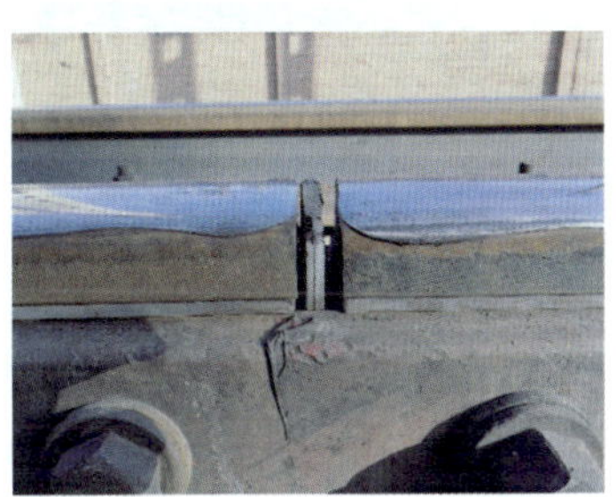

图 2—24　大于构造轨缝

(2)轨端不垂直

根据有关规定:绝缘接头处钢轨必须使用工厂生产的标准轨,如需截断应垂直锯断,上下偏差不应大于 0.5 mm,并将钢轨的原始端放在绝缘接头处。但现场为了满足设置绝缘的需要,需对钢轨长度进行重新配置,锯轨时轨端往往存在较大的偏斜,并将带有偏斜的这一端放在绝缘接头处,导致绝缘片局部受挤压,顶坏绝缘,造成红光带,如图 2—26 所示。

图 2—25　胶接绝缘拉开

图 2—26　轨端不垂直

(3)端部顶面肥边

绝缘接头处相邻的轨端顶面有肥边,不注意及时铲除而顶死,造成轨端绝缘失效,出现红光带,如图 2—27 所示。钢轨轨端肥边剥落掉块容易掉落在轨缝里引起绝缘短路,如图 2—28 所示。

图 2—27 轨端肥边

图 2—28 剥落掉块

(4)接头低扣空吊

钢轨接头是普通线路的薄弱处所,绝缘接头较其他接头更为薄弱,现场为了满足加设轨端绝缘的需要,往往将轨缝拉的很大,并将轨端打磨人为地造成“假”大轨缝,加大了动荷载的冲击,加之绝缘接头较为敏感,导线等设备较复杂,日常的养护维修很难做全做细,存在接头螺栓扭矩不足、接头低扣和空吊、道床泛白等病害,这时如不及时整治,很容易使两轨端上下错动导致绝缘片被磨掉引起短路,造成红光带,如图 2—29 所示。

图 2—29 接头低扣

(5)扣压力不足

一是接头螺栓扭矩不足。由于绝缘接头绝缘垫的存在,接头螺栓扭矩不能过大,以免挤碎绝缘垫,这样往往现场很难使扭矩始终保持在规定值不变,由于接头扭矩不足,轨缝经常变化而使轨端绝缘被顶掉或绝缘管被拉碎,造成红光带。

二是轨端螺栓扣压力不足。绝缘接头前后3～5根钢轨处的轨枕螺栓扣压力和接头扭矩,由于平时不注意复拧,存在扣压力和扭矩不足,线路难以锁定,出现夏季顶掉端部绝缘和冬季拉碎绝缘管现象,而造成红光带。

另外,由于轨端绝缘和套管质量不良,也是造成绝缘破损出现红光带的又一因素。

5. 其他原因

(1)钢轨折断。一般钢轨折断发生在冬季,折断后断面拉开,轨道电路出现持续红光带,这时容易检查发现,但开春时或隧道内,温度较高或变化不大,钢轨折断后断面有可能仍然接触,这时会出现闪红现象或红光带消失,检查人员容易出现漏判,认为故障自动恢复。

(2)支距杆、轨距杆绝缘材料质量较差,依靠拧紧螺母来调整和固定轨距,造成粘接式轨距杆绝缘拉出,支距杆绝缘破损,造成电流漏泄,出现闪红或持续红光带现象。

(3)道岔尖轨与基本轨爬行,使安装装置绝缘拉碎和单向磨损,复式交分道岔第一、二块滑床板工务固定困难,造成中心滑床板窜动与道岔角钢连接杆相碰造成短路,交分道岔连接杆开口销顶部与钢轨底部相碰造成短路。

(4)工务在岔区基本轨一侧多处用轨距杆(有些不绝缘)与大地中栽的半截钢轨相连;供电部门有些杆塔地线不经火花间隙直接与钢轨相连,火花间隙失效或绝缘子漏泄电流超标等,造成两条钢轨牵引电流不平衡,出现闪红。

(5)各部门在轨道电路区段整治施工中的撬棍、铁板、铁丝、机具,以及在站场内的废旧铁丝、易拉罐等拉动和稍不注意,就会造成瞬间红光带,使信号关闭,甚至造成机车冒进信号。

(二)病害整治

(1)严格按照胶接绝缘接头操作手册和技术条件进行作业,提高胶接绝缘接头整体剪切强度和电气绝缘性能。

(2)消除扣件及引接线的安装侵害,加强接头处养护,以避免列车对接头冲击过大。将铁制轨距块更换成绝缘轨距块,更换绝缘一体弹条,如图2—30和图2—31所示。

图2—30 绝缘轨距块

图2—31 绝缘一体弹条

(3)应避免撞击绝缘接头部位,防止破坏绝缘层,造成绝缘性能失效。

(4)加强曲线钢轨侧面磨耗严重处所检查,及时清除接头钢轨肥边。

(5)合理设计胶接绝缘接头,应能满足以下要求:

①在接头范围内,钢轨应能像其他部位一样,承受列车通过时作用在其上的垂直冲击和横向冲击。

②在温度力作用下,胶接接头的轨缝没有变化,或变形控制在允许范围之内,接头能够可靠传递温度力。

③胶接接头必须可靠绝缘和耐高压,能够满足轨道电路在接头处的绝缘需要和抗电气化区段高压回流引起的击穿。

(6)加强对钢轨胶接绝缘接头的维护,应采取如下措施:

①绝缘端板处破裂或两端钢轨轨头经车轮碾压后出现肥边的绝缘接头应打磨、切除轨端肥边,并将轨头部位再倒棱。

②检查轨头上颚、下颚、夹板端部是否积存污物，若有应及时清除干净，避免污物侵蚀破坏绝缘胶层。

③定期检查钢轨对钢轨、钢轨对夹板的绝缘性能，加强检测测试。

(7)减少电压击穿和电流拉弧灼伤影响，优化设计设置车站牵引回流断点，保障牵引回流流畅。

①车站扼流变压器、横向连接线及吸上线的设置应满足回流通畅的要求，尽量减少牵引回流的切断点，在保证轨道电路正常工作的情况下，在绝缘节处应以扼流变压器中间连接板的方式导通牵引回流。

②车站咽喉区梯形道岔处的绝缘节不要设置牵引回流切断点，应在梯形道岔上的绝缘节两端设置扼流变压器，导通牵引电流回路。

③牵引回流切断点尽量设置在钢轨中牵引回流较小的位置，应将牵引回流的断点由发车进路移设至正向接车进路。

(8)按轨温计算轨缝，合理设置，使轨缝应经常保持在 8～12 mm 左右为宜(经验值)，同时前后 3～5 个接头不得有大轨缝和瞎缝。

(9)认真检查整治，以定期检查和日常检查相结合的方法，检查绝缘轨缝和前后 3～5 个接头轨缝是否保持在合理值，建立卡控台账，并将检查结果随时填写在台账内，发现变换及时分析原因，通知车间工区及时整治。

(10)选用标准轨端，绝缘接头处钢轨必须使用工厂生产的标准钢轨，由于配置绝缘的需要，需截断钢轨时应垂直锯断，上下偏差不应大于 0.5 mm，并将钢轨的原始端放在绝缘接头处。

(11)加强日常养护。

①及时消灭轨端上下左右错牙，高低相差应控制在 1 mm 以内。

②加强捣固，及时消灭接头低扣、空吊和道床泛白(坍砟)、翻浆冒泥等线路病害，使接头处道床经常饱满、均匀，排水良好，轨面平顺。

③及时打磨轨端肥边，打磨时距轨端边缘不应大于 1 mm，以免形

成“假”大轨缝，加剧动载对接头的冲击破坏。

④及时复拧螺栓，做好线路锁定工作，必要时增强线路防爬设备。

(12)做好日常补修。

①认真做好日常接头螺栓和轨枕螺栓紧固工作，使扭力矩和扣压力经常保持在规定值。

②及时补充更换失效的接头轨枕、弯曲的绝缘夹板和零配件，同时注意混凝土枕扣件不得与绝缘夹板接头螺栓接触，螺栓不得松动，木枕地段道钉应反钉在钢轨底，以防止道钉头短路。

③及时更换弯曲的接头螺栓，并保持紧固无松动。

三、其他原因

(1)因治安问题设备器材被盗、损坏或施工防护不到位电缆被挖断、器材损坏等。

(2)自然灾害影响，主要有台风暴雨造成轨道被淹、箱盒进水等。

(3)列车重载、提速、双机牵引，原设计扼流变压器容量不够，造成轨道电路熔断器熔断，电缆、扼流变压器烧坏，箱盒引接线烧断。

第二节　线路设备故障

一、道岔红光带

(一)轨距杆质量不合格

1. 故障概况

××站道岔出现红光带，电务人员携带仪器到达现场对绝缘接头、绝缘轨距杆等设备进行检测。工区人员经对道岔设备检查两遍后，确认没有发现断轨，电务人员又用检查仪器对绝缘接头、绝缘轨距杆等设备检测，发现道岔后直股绝缘拉杆电阻为零，将轨距杆拆除，红光带消失，恢复正常使用。

2. 原因分析

对轨距杆进行分解，发现轨距杆外套筒与主杆件间几乎无绝缘工程塑料，质量明显不合格，是造成此次红光带的主要原因，如图 2－32 所示。

(二)拉杆开口销子与尖轨轨底封连

1. 故障概况

××站 164-184DG 红光带，经工务、电务人员现场共同检查，并现场处理后红光带消失，设备恢复正常。

2. 原因分析

经过检查 166 号道岔第一拉杆开口销子与尖轨轨底封连，造成轨道电路红光带，如图 2－33 所示。

图 2－32　拆解后轨距杆

图 2－33　封连位置

(三)螺栓折断

1. 故障概况

××站 111-133DG 红光带，现场检查发现 111 号道岔 13 号轨枕处存在轨枕大螺栓折断问题，现场清理后轨道电路自然恢复。

2. 原因分析

铁垫板上螺栓折断、窜出，造成两铁垫板虚接、短路，如图2－34 所示。

图 2—34 螺栓折断

二、绝缘接头

(一)钢轨绝缘不良

1. 故障概况

道岔出现红光带,工务人员经检查无断轨,也无其他异常,经电务人员测量道岔左股前顺坡终点极性绝缘接头电阻为零,分析是绝缘片被顶穿造成短路,经更换插入短轨,检查确认设备无异常后开通线路。

2. 原因分析

对更换下的钢轨及绝缘材料进行了仔细检查,发现绝缘接头钢轨断面不平顺,轨脚处存在一个突出的菱角,而正好在这一菱角对应位置,绝缘工字片被顶穿一个直径 10 mm 的洞,如图 2—35 和图 2—36 所示。

(二)胶接绝缘接头绝缘不良

1. 故障概况

电务部门反映胶接绝缘接头绝缘不良,经工务、电务人员检查确认,该处胶接绝缘接头 A 端钢轨与夹板绝缘电阻值为1.6 Ω,B 端钢轨与夹板绝缘电阻值为 44.8 Ω,绝缘接头两端钢轨绝缘电阻值为

44.8 Ω，从检测数据分析，胶接绝缘接头整体绝缘性能良好。

图 2－35　钢轨断面不平顺

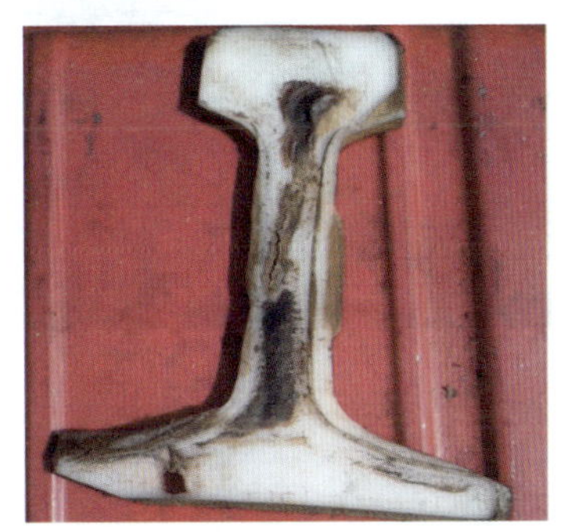

图 2－36　绝缘工字片孔洞

2. 原因分析

胶接绝缘接头存在严重施工质量问题，经拆开绝缘夹板后，发现问题如下：

(1)绝缘夹板与钢轨之间几乎无胶剂粘结，外观检查只是在绝缘夹板四周涂有胶剂，如图 2－37 所示。

(2)螺孔未倒棱，导致轨端第一个螺栓绝缘套管断裂，如图2－38 所示。

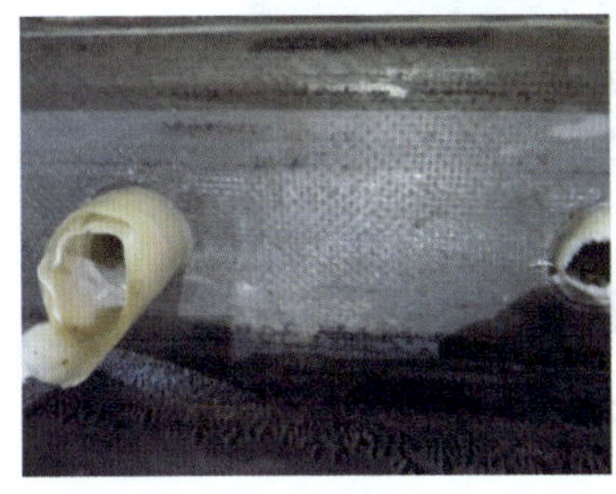

图 2－37　轨腰几乎无胶剂痕迹

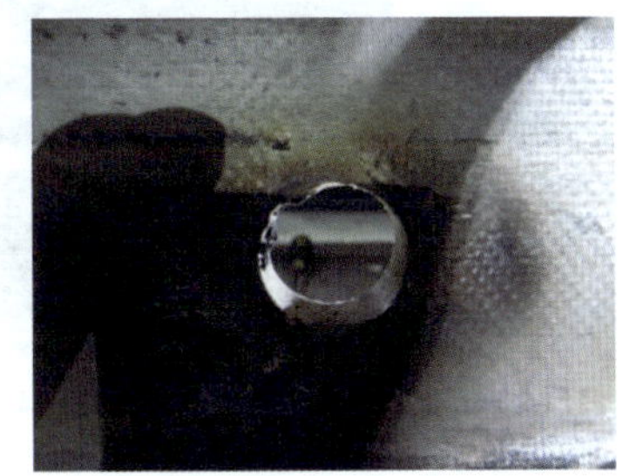

图 2－38　螺孔未倒棱

(3)施工工艺粗糙，螺孔孔距不正确，螺孔存在扩孔现象，6 个螺栓孔边缘均有钻痕，如图 2－39 和图 2－40 所示。

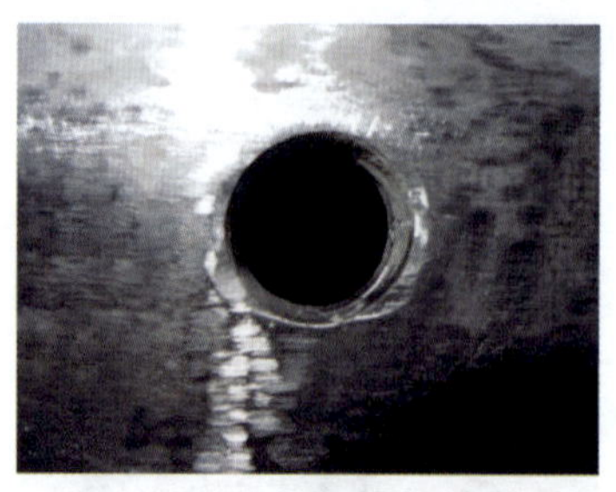
图 2—39 螺栓孔扩孔

图 2—40 螺孔边缘有钻痕

(三)胶接绝缘接头内部短路

1. 故障概况

××次列车行至××线××站,因 1 道信号机绿灯关闭停车。工务、电务人员现场检查设备无异常,原因分析为 16DG 与 8DG 间胶接绝缘接头内部短路,工务段对胶接绝缘接头进行烤开检查,打开接头夹板发现 16DG 与 8DG 间南股胶接绝缘接头接头夹板(工形绝缘处)透锈,如图 2—41 所示。

图 2—41 绝缘分解后

计算机监测回放 16DG、8DG 瞬闪红光带 1 s,16DG 电压由 21.8 V 下降至 12.1 V,8DG 电压由 20.8 V 下降至 9.7 V,如图 2—42 所示。

2. 原因分析

16DG 与 8DG 间南股胶接绝缘接头接头夹板(工形绝缘处)进水

透锈，绝缘瞬间短路造成两个区段同时红光带、关闭出站信号机。

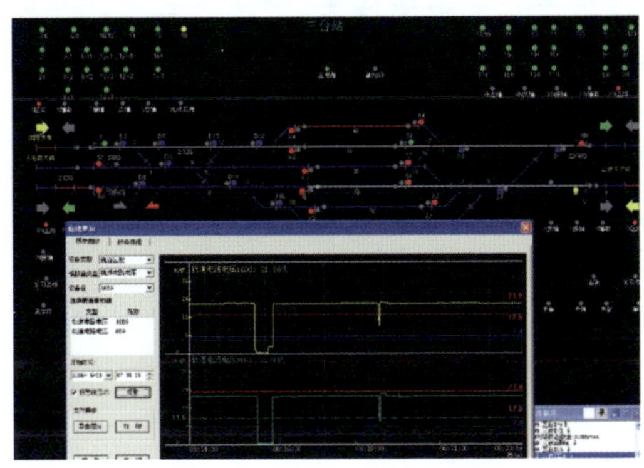

图 2—42　计算机监测回放

（四）绝缘轨缝拉开

1．故障概况

××站ⅡG 及 2-4DG 出现红光带，经现场检查，发生瞬闪红光带处所位于Ⅱ道东侧出发信号机绝缘接头处，该处绝缘因气温骤降轨缝拉开，现场测量轨缝为 16 mm，电务人员测量绝缘阻值不良，如图 2—43 所示。

图 2—43　轨缝拉开

2. 原因分析

该处绝缘接头为胶接绝缘接头，绝缘夹板上线年限较长，胶接强度不足，导致该绝缘接头在气温骤降后拉开，绝缘套管破损，最终导致瞬闪红光带故障的发生。

经现场检查分析，该绝缘处所存在轨面光带不良、接头低塌、枕盒缺砟等问题，充分说明车间日常维修疏于对该处所的整治。导致该绝缘在列车碾压及振动下，加之近期气温骤降，最终造成绝缘接头拉开。

（五）钢轨绝缘破损

1. 故障概况

××站下行进站信号机内方第一轨道区段3-13DG、9DG红光带，电务人员检查3号道岔岔前绝缘接头电压异常，工务人员拆开接头检查发现绝缘接头第3、4、5位螺栓绝缘套管有破损，经工务人员处理，开通线路，如图2－44和图2－45所示。

图2－44　轨缝情况

图2－45　绝缘套管破损

2. 原因分析

经调查分析认定，造成此次事故的直接原因是3号道岔岔前右股绝缘接头轨缝27 mm，在列车长期碾压振动下拉破列车运行方向第3、4、5位螺栓绝缘套管，造成绝缘短路，发生红光带。

（六）绝缘顶死

1. 故障概况

××线××站ⅡAG、1-7DG轨道电路红光带，检查发现1号道岔岔首右股绝缘接头轨底顶死，如图2—46所示。

图2—46　轨底顶死

2. 原因分析

（1）检查标准低。对轨底处绝缘轨缝小于6 mm未能及时发现，导致高温时段绝缘轨缝顶死。

（2）作业标准低。线路无缝化作业时，机修组在锯制轨时人为造成钢轨断面上下不齐形成5 mm偏差。

（七）绝缘轨缝小、断面破损

1. 故障概况

××站D30-D20间线路出现红光带，检查发现20号道岔导曲中下股绝缘轨缝2 mm，绝缘断面破损，对破损绝缘断面进行更换处理，如图2—47和图2—48所示。

2. 原因分析

绝缘轨缝小、绝缘断面破损是构成轨道电路红光带的直接原因。次要原因为日常检查整修不到位，对绝缘轨缝小、绝缘断面破损等问题检查整治不及时。

图 2—47 轨缝顶死

图 2—48 轨型损坏

(八)胶接绝缘短路

1. 故障概况

××线××站 5-9DG、3G 轨道电路出现红光带。

2. 原因分析

(1)接头轨枕不方。现场绝缘接头两侧轨枕实际间距为 500 mm,违反《普速铁路线路修理规则》相关要求,导致轨枕竖螺栓与接头夹板水平螺栓接触,如图2—49所示,是导致绝缘接头短路的主要原因。

图 2—49 竖螺栓与接头夹板水平螺栓接触

(2)检查人员检查项目不全。检查设备时只记录几何尺寸,对轨枕间距不方正没有及时发现。

(九)胶接绝缘接头肥边存在铁屑

1. 故障概况

××站 206 号道岔反位红光带,检查发现 206 号道岔导曲绝缘接头肥边存在铁屑,现场予以清理,如图 2—50 和图 2—51 所示。

图 2—50　绝缘接头肥边

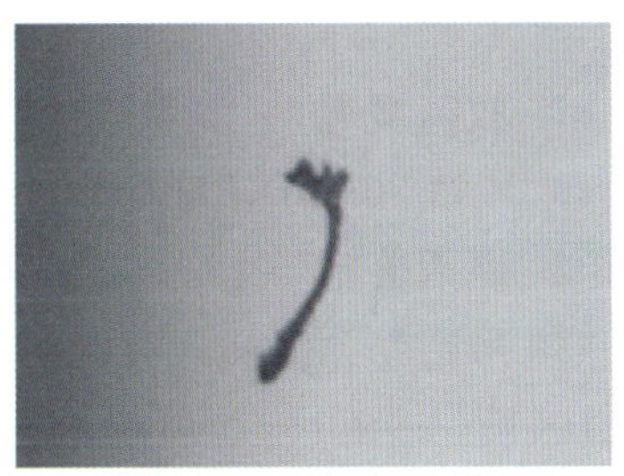

图 2—51　铁　　屑

2. 原因分析

(1)车间巡检人员作业质量低,对发现的接头肥边病害只是简单打磨处理,未按规定使用毛刷对打磨后的接头铁屑进行清扫,导致处理后的绝缘接头遗留铁屑,铁屑封连是产生红光带的直接原因。

(2)线路车间主观认为站线行车密度低,设备变化小,不重视日常设备整治,对道岔绝缘轨端存在的肥边病害不重视,仅依靠巡检人员简单处理,导致病害长期得不到根治,是产生红光带的根本原因。

(十)电流击穿

1. 故障概况

××线××站ⅠAG 瞬闪红光带,造成进站信号机突变红灯,工务人员更换胶接绝缘夹板后恢复正常。

2. 原因分析

(1)工务人员现场检查该绝缘外观状态良好,绝缘接头轨缝 7 mm。

(2)经电务人员现场检查测试 1 号道岔前顺坡终点右股胶接绝缘

接头绝缘不良，电阻值为零。

(3)经工务人员现场拆开夹板检查，发现夹板里侧有电流击穿的痕迹。

三、轨 距 杆

(一)轨距杆碰跳线

1. 故障概况

××站 30-50DG 红光带。

2. 原因分析

30 号道岔岔后轨距杆螺母松动，造成轨距杆扣件碰钢丝绳，短路轨道区段，如图 2—52 所示。

图 2—52 轨距杆碰钢丝绳

(二)绝缘轨距杆电阻值不良

1. 故障概况

××站 1 号/3 号道岔出现红光带，经电务部门对线上绝缘轨距杆进行测试，发现绝缘轨距杆电阻值不良，线路车间现场拆除。

2. 原因分析

××站 3 号道岔 13 号枕与 14 号枕间绝缘轨距杆电阻值不良是造成红光带的直接原因，如图 2—53 所示。

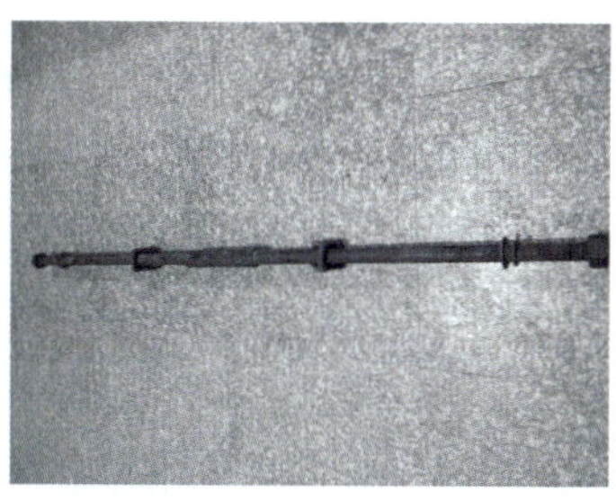

图 2－53　不良绝缘轨距杆

四、桥　　梁

(一)螺纹道钉与横穿的防爬水平螺栓接触导电

1. 故障概况

××线×站 XJG 轨道电路区段发生红光带，经过电务人员测试发现，××线 K46＋090 钢梁桥上北股第 13 根桥枕，东西股钢轨外侧的螺纹道钉，在桥枕内部与横穿的防爬水平螺栓接触导电，如图 2－54 所示，现场人员经反复确认后，将短路的螺纹道钉锯断处理后，故障恢复。

图 2－54　短路桥枕位置

2. 原因分析

(1)本次设备故障的发生是前日施工留下的设备隐患。施工安装分开式扣件时,螺纹道钉在桥枕内部接触到了水平螺栓,但是由于螺栓和道钉均有锈,或者有木削等原因,未发生短路情况。但是经过了一昼夜通过列车的振动以雨水进一步增强了物体的导电性能,施工27 h后发生了短路设备故障。

(2)工务人员本身缺少短路概念,短路的接触点在桥枕内部170 mm深处,所以自身难以防止。

(3)电务施工配合人员没有螺纹道钉在桥枕内部发生短路的经验,施工中没对更换桥枕分开式扣件施工现场进行有效的施工监控和检查,使设备短路隐患未能被发现或防止。

(二)桥上轨道电路红光带

1. 故障概况

××线下行 14891BG 红光带(该区段位于铁路大桥上)。

2. 原因分析

14891BG 内 3 根轨距杆分别将主钢轨与护轮轨短路,两根护轮轨又被第 9 块横向钢梁短路,如图 2—55 和图 2—56 所示。

图 2—55 护轮轨碰钢梁

图 2—56 轨距杆短路

五、道床不良

1. 故障概况

××站 3 道出现红光带。

2. 原因分析

3道为到发线兼货运线，货运中心每日装卸膨润土15～20辆，货运站台上长期堆放膨润土，极易散落在道床内，造成道床长期脏污不洁，遇下雨可能造成轨道电路红光带，如图2—57所示。

图2—57　道岔脏污情况

六、道　　口

（一）铺面因雪水杂质短路

1. 故障概况

××站矿山走行线17/37WG区段红光带。

2. 原因分析

经工务和电务人员联合检查、测量矿山走行线K0+280道口内钢轨焊制铺面，中间缝隙较小，雪水等杂质较多，电务人员测量电压阻值不达标，存在封连可能，对道口铺面进行拆除后测量电压阻值正常。

（二）道口铺面不良

1. 故障概况

××站××场2号道岔红光带。

2. 原因分析

由于××站地区下雪后市政在公路上撒盐，过往机动车辆将含盐的雪水带入道口，造成轨道电路漏泄，如图2—58所示。

图 2－58　道口铺面情况

第三节　信号设备故障

一、室内设备故障

（一）电源屏轨道模块故障

1. 故障概况

全站轨道电路红光带，造成 S 进站信号机关闭。

2. 原因分析

电源屏轨道模块 BM32 模块故障（图 2－59），设备自动切换到轨道模块 BM31，在自动切换模块过程中由于切换时间长（技术标准≤0.15 s），发生全站轨道电路红光带故障，造成 S 进站信号机关闭。

（二）保险管熔断

1. 故障概况

3DG、7-17DG 红光带、熔丝报警，挤岔（红灯）报警。处理人员确认后，根据故障现象判断为室内保险熔断，进入机械室后发现二排组合架侧面熔丝报警装置一架、二架报警灯亮红灯，检查发现保险管良好，用万用表测试零层、侧面电源，电压均正常，3DG、3-17DG 轨道接收电压也正常。再次到机械室检查，发现一排一架、一排二架零层 D5-1

端子的 4 个 KZ 主、副保险管(图 2—60)熔断,主副保险管之间的指示灯亮,更换后 3DG、7-17DG 红光带变为白光带。

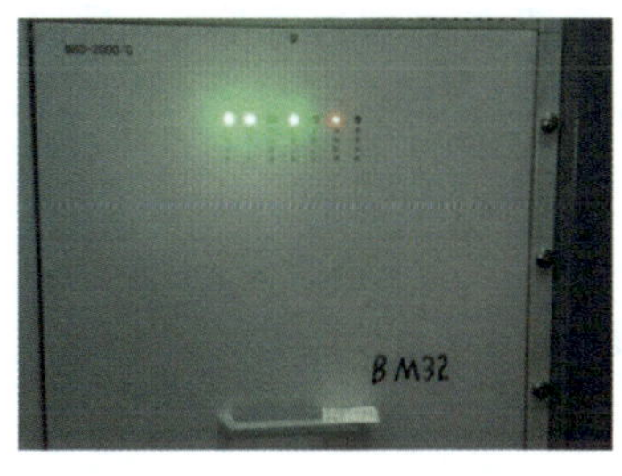

图 2—59　BM32 模块故障

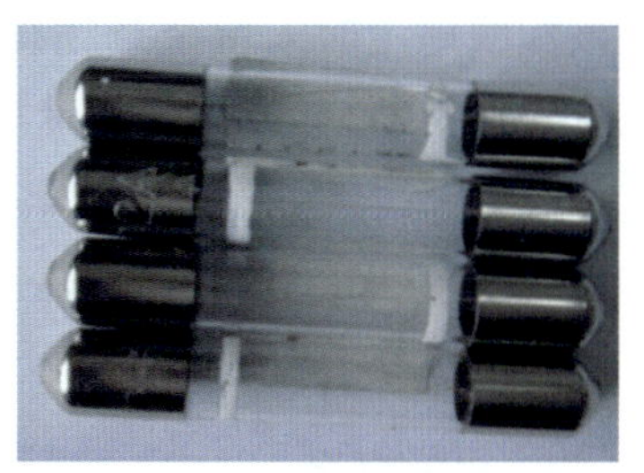

图 2—60　保险管熔断

2. 原因分析

组合架一排一架、一排二架零层 D5-1 端子的 4 个 KZ 主、副保险管(2 A)熔断。

(三)室内区间移频架配线断线

1. 故障概况

××日 6:38,××线××站 10DG 亮红光带;6:58,××至××站间下行 9571AG 亮红光带。

查看 10DG 的 GJ 处于落下状态,观察组合架 10DG 轨道继电器落下,测试室内移频柜 10DG 的 QY5-511-D、QY5-512-D 配线端子间有 24 V 直流电,测试 QZ2-702-11、12 端子无电压,判断为 QY5 与 QZ2 柜间配线存在断线故障。经测试 QY5-511-D 至 QZ2-702-11 间配线不通,判断为该配线断线。按配线图临时从 QY5-511-D 至 QZ2-702-11 间放一根配线导通后 8:09 红光带消失,经联锁试验良好后于 8:15 销记恢复 10DG 正常使用。

8:20,经测试 QY3-711-D 至 QZ1-202-11 间配线不通,按配线图临时从 QY3-711-D 至 QZ1-202-11 间放一根配线导通后红光带消失,经联锁试验良好后于 8:37 销记恢复 9571AG 正常使用。

2. 原因分析

××站室内 QY5-511-D 至 QZ2-702-11 间、QY3-711-D 至 QZ1-

202-11 间 2 根配线在 QZ3 架走线槽直角拐弯处被压在线把下部，该线把直径有 7 cm 左右，因走线槽边缘胶垫没有垫好未起到防护作用，且该配线施工时未留余量绷得太紧，长期在线槽边缘磨卡，最终受线把重力而拉断，导致亮红光带故障，如图 2－61所示。

二、室外设备故障

(一)绝缘层与变压器壳体拉弧短路

1. 故障概况

ⅡAG 红光带，在分线盘测量ⅡAG 接收电压在 3.9～9 V 间波动，测量送端变压器一次侧电压为 228 V(正常 232 V)，变压器二次侧为 4.8 V，轨面电压为 0.1 V(正常 0.7 V)；接收端在故障时轨面电压为 0.1 V(正常 0.7 V)，此时ⅡAG 红光带再次消失。

2. 原因分析

发送端轨道变压器(BG_3-130/25)二次侧Ⅱ2、Ⅲ1 线圈抽头绝缘层与变压器壳体拉弧短路，如图 2－62 所示。

图 2－61 配线拉断处

图 2－62 变 压 器

(二)主发送器性能不良

1. 故障概况

××次列车运行至下行线 21791G 处时，ATP 收到红黄码输出紧急制动停车，越过 21811G 后，红光带未消失。

2. 原因分析

21811DG 主发送器性能不良，功出电压低，造成 21811DG 红光带。同时，导致了列车运行至 21791G(21811G 的后方区段)时，机车信号接收到红黄码。

(1)发送器发送电压降一半，但仍有输出依然会造成轨道电路红光带。21811DG 发送器为主发送器优先的 1+1 冗余工作方式，由于 21811DG 主发送器特性不良，发送器发送功出电压降为原来的一半(150 V 下降为 75 V)，低于发送器发送功出值的 70%(105 V)，不满足带载能力，因此主发送器切换至备发送器，备发送器不间断检测到主发送有功出电压、低频、载频等信息，于是从备发送器切换至主发送器，出现了主备发送器来回切换的现象。在倒切的过程中，虽有电压幅值输出，但发送器发出的感应电压为不完整的半波形，车载设备不能正常译码，造成 21811DG 红光带，机车信号接收到红黄码，同时发生瞬间掉无码的现象。

(2)主、备发送器的切换时机和条件：发送器功出电压不能满足带载条件，低于正常值的 70%；发送器 24 V 工作电源极性错误；发送器未满足只有一路载频或低频条件输出；发送器未满足只有一个“-1”“-2”条件；发送器输出负载短路。当发送器出现上述任一情况时，发送器发生切换。

(3)RBC 分界点的交权和处理模式要求：根据《无线闭塞中心技术规范》(TB/T 3330)，如果是接收 RBC 范围内第一个闭塞分区占用，RBC 需要进行判断，该分区占用是否是本列车占用，并综合考虑通信延时等信息，RBC 对第一个闭塞分区占用判断会延时 13 s，即收到进路占用信息后进行 13 s 计时，13 s 内不采取任何处理措施。如果 13 s 内未收到列车发送的已在第一个闭塞分区内的位置报告，则认为该区段占用是异常占用，发送缩短移动授权。

21811DG 区段位于 RBC8 与 RBC9 交权的区段，是接收 RBC9 内方的第一个闭塞区段，RBC 需要判断该占用是否是本列车占用，综合考虑通信延时等信息，RBC 对第一个闭塞分区占用判断会延时 13 s，即收到进路占用信息后进行 13 s 计时，13 s 内不进行处理。

（4）列车按照 CTCS-3 模式运行，在已接收到 21811G 红黄码后为什么不立即触发紧急制动？当 RBC8 向 RBC9 移交成功后，列车向 RBC9 发送位置报告时，刚好过了定位应答器 B21811，RBC9 判断该分区占用为本车占用，所以 13 s 内 RBC9 不采取处理措施，致使 ATP 收到红黄码时未立即降级，仍由 CTCS-3 模式控车，未输出制动。

（5）列车接到红黄码后依然按照 CTCS-3 模式控车，5 s 后触发 CTCS-2 模式，速度曲线为什么会由 300 km/h 变为 205 km/h，列车最后采取的紧急制动是怎样实现的？按照《CTCS-3 级列控车载设备技术规范（暂行）》（铁运〔2012〕211 号）规定：车载设备以 CTCS-3 完全监控模式下运行时，CTCS-3 主控单元根据接收到的 RBC 信息计算控车曲线，与轨道电路发码信息无关，所以虽车载设备 ATP 收到 21811G 区段红黄码，但此时 RBC 为 CTCS-3 模式控车，根据 RBC 信息计算控车曲线，与轨道电路发码信息无关，未输出制动指令。

直到车载设备 ATP 收到红黄码持续 5 s 后，触发 CTCS-2 功能，速度曲线由 300 km/h 变为 200 km/h，同时将行车许可更新为 4 136 m，目标距离更新为 4 136 m，由于当时列车的速度为 284 km/h，远超出最高限制速度曲线，触发紧急制动。

（三）调谐单元损坏导致红光带

1. 故障概况

××线××区间上下行线进行综合天窗施工，计划 18:00 开通时，下行线 09539A、09539B 轨出现红光带。

19:10 电务人员到达室外，对 09539AG、09539BG 及 09553G 设备外观进行检查，发现 09553G 接收端引接线胶皮破损（芯线未断），如图 2—63 和图 2—64 所示。

19:27 电务人员到达中继 1 站后，在 09539AG 衰耗盒测试主轨入电压 864 mV、轨出 1 电压 517 mV、无 XGJ 电压。立即拔出QY1-9（区间移频架第一架第 9 个）衰耗器 09553G 进行检查，在检查底座配线端子时，发现底座小轨道继电器输出端子插接松动，重新插接后装上衰耗器，红光带瞬间消红，误认为是底座插接不良，又重新检查底座配线情况未发现问题。测试09539AG区段无XGJ电压，测试发现09553G轨出2电压从125 mV升至851 mV(咨询厂家轨出2电压超过300 mV停止输出小轨继电器电压)，立即通知室外人员开箱检查，发现09553GJS调谐单元端子损坏，但调谐单元端子与匹配变压器连接线正常。

19:47经临时处理后09553G轨出2电压降至185 mV，红光带消除，19:50电务试验良好交付使用。之后安排从××站带备用调谐单元赶至现场，于21:57进行更换处理。

图2—63　损坏的调谐单元

图2—64　破损抗流线

2. 原因分析

(1)现场施工组织不细致，大型养路机械作业中，地面作业人员在进行扒砟作业过程中，拉扯到09553GJS箱外引接线，造成09553GJS引接线外皮破损、箱体内端子断裂。

(2)现场施工配合不到位，当日施工3台大型养路机械分段作业，电务配合人员只安排了1人，15612号捣固车无电务人员配合。

(3)电务现场检查人员工作不负责任，工务施工人员通知电务人员进行检查处理，电务现场配合人员到达现场后只进行了外观检查，未打开箱体检查，就盲目下结论。

(4)设备检修质量不高，现场检查发现中继1站QY1-9衰耗器底座小轨道继电器存在输出端子插接松动问题。

（四）单边接地引起主轨出电压异常波动

1. 故障概况

××站 6DG 长 295 m，载频 2000-1，一送一受道岔轨道电路区段，无补偿电容，无小轨道。轨道电路与相邻区段均采用胶接机械绝缘节隔离，牵引电流通过扼流变压器导通回路。

（1）集中监测情况

浏览日曲线发现主轨出电压异常波动，且幅度较大，如图 2—65 所示。

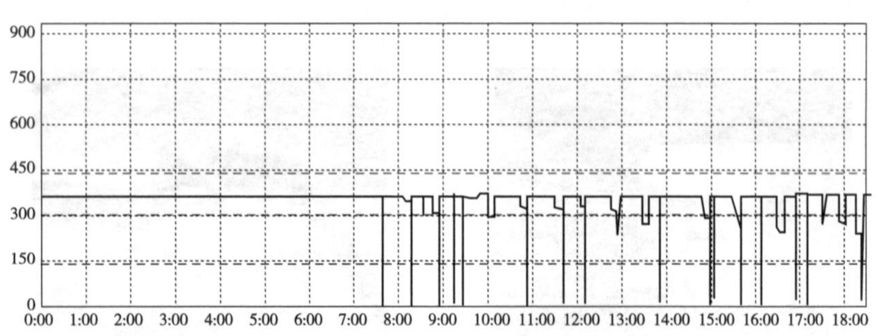

图 2—65 轨出电压波动时日曲线截取部分

随后连续三天电压非常平稳，仍然无法判断故障是室内还是室外的原因。天窗及非天窗时段又都发生了主轨出电压波动的情况，发现电压波动后立即测试 6DG 内道岔在不同位置时的电压，同时动态回放列控维护 6DG 移频柜电压数据；回放 CTC 进路排列解锁、列车运行情况。

①查看集中监测 6DG 除主轨出电压波动外，功出电压、频率等参数正常、稳定。

②列控维护机回放移频柜电子盒电压参数确实存在异常波动。

③CTC 回放当列车还在几十公里外该区段已开始波动，且大多数非天窗时段的波动幅度大于天窗时段，说明与牵引回流有一定的关系。

④对当天天窗时段 6DG 电压波动情况调阅分析，发现正好在此时段进行了巡视，道岔来回操纵多次。

根据以上情况分析排除了监测曲线不准确问题，初步判断只有在

6 号道岔处于反位时主轨出电压才会发生波动。

(2)现场检查情况

①夜间天窗继续上线，将道岔扳到反位位置 6DG 电压下降。

②检查测试左股钢轨对地电压 0.8 V，右股对地 2.0 V，轨面电压 2.8 V，说明确实存在接地故障。

③继续测量并检查各绝缘处，发现在拆除尖轨第二密贴检查器防水罩后电压恢复平衡，左股右股对地均为 1.4 V，再仔细检查发现尖轨第二密贴检查器防水罩螺杆有明显磨痕，长表示杆叉形接头对应位置有明显磨痕，如图2—66 和图 2—67所示。

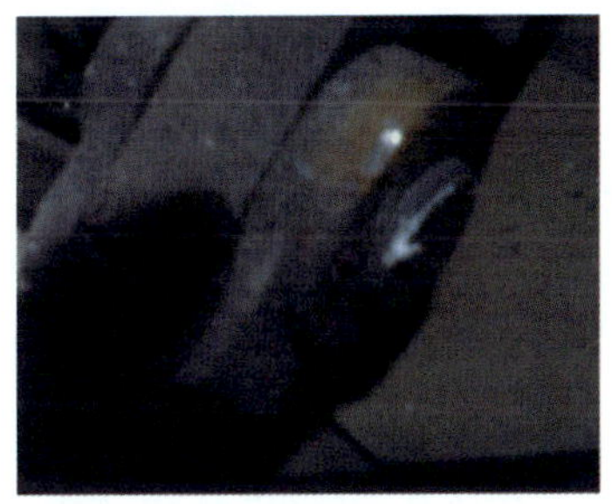

图 2—66　长表示杆叉形接头有明显磨碰痕迹

图 2—67　防水罩螺杆上有明显磨碰痕迹

将防水罩螺杆处理后不再相碰，6DG 电压恢复正常。

2. 原因分析

由于尖轨第二密贴检查器防水罩固定螺杆安装方式不标准，道岔操至反位后其中一个螺杆有碰密贴检查器表示杆叉形接头的可能，造成轨道电路通过螺杆、卡箍单边接地形成波动曲线，存在牵引电流干扰时波动幅度更大。

(五)发送端调谐匹配单元故障

1. 故障概况

××站 14465AG 主轨出异常波动，最后出现了红光带，如图 2—68

所示。

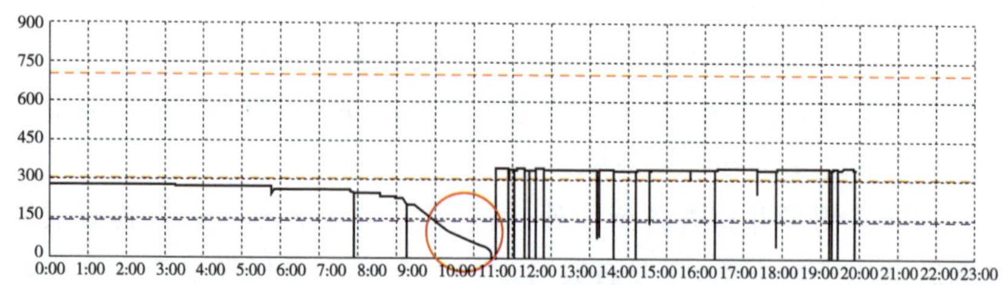

图 2—68 主轨出异常波动曲线

2. 原因分析

通过对该区段及相邻区段小轨出电压日曲线的浏览，发现该区段前方相邻区段 14483BG 的小轨出电压也同样出现了类似的波动现象，可以判断为 14465AG 的发送端调谐匹配单元出现问题。

(六)绝缘节破损造成相邻两区段主轨出电压波动

1. 故障概况

××站站内 ADG、BDG 为相邻区段，且绝缘节为机械绝缘节，工区值班人员在日常浏览中发现这两个区段在当日 10:00～22:00 之间主轨出电压曲线明显下降且有波动，22:00 之后又逐步恢复正常，如图 2—69 和图 2—70 所示。

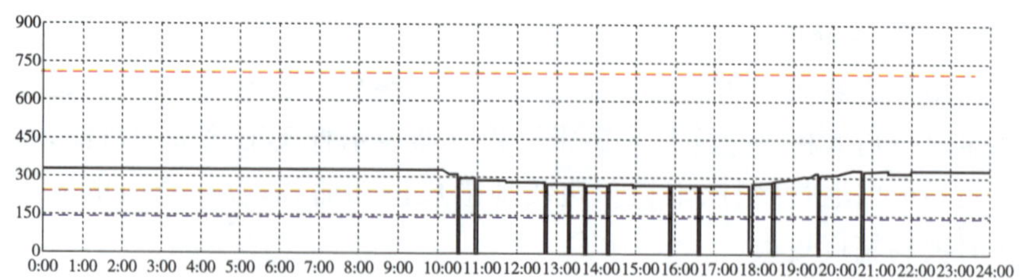

图 2—69 ADG 当日主轨出电压曲线

××站站内 CDG、FDG 为相邻区段，且绝缘节为机械绝缘节，工区值班人员在日常浏览中发现这两个区段在当日 8:00～次日 0:30 之间主轨出电压曲线明显上升且有波动，0:30 之后又逐步恢复正常，如图 2—71 和图 2—72 所示。

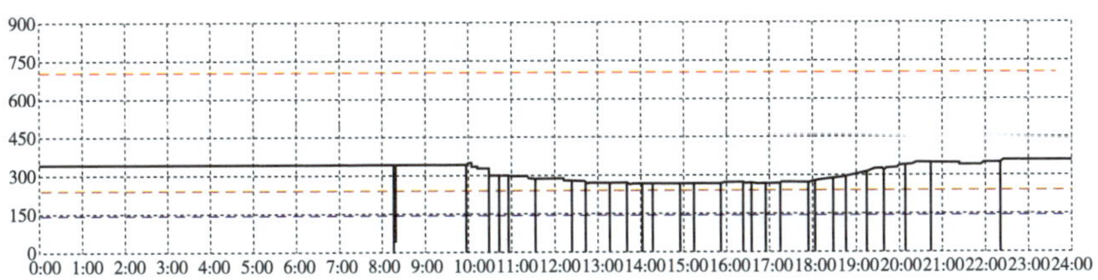

图 2—70　BDG 当日主轨出电压曲线

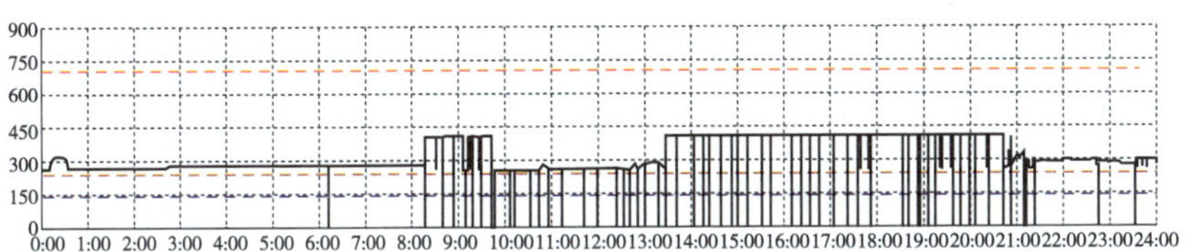

图 2—71　CDG 当日主轨出电压曲线

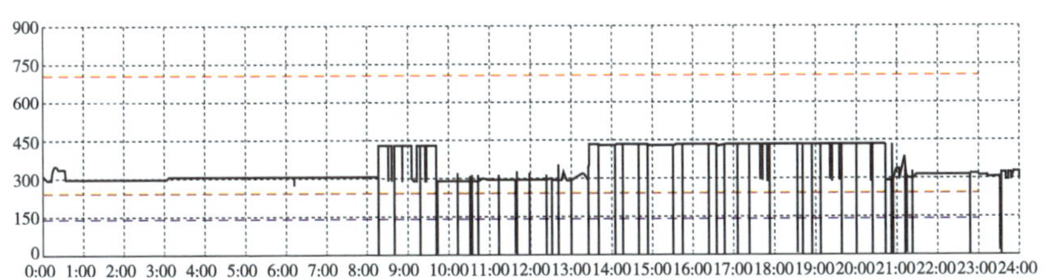

图 2—72　FDG 当日主轨出电压曲线

2. 原因分析

(1)通过调阅 CTC 日行车计划可发现有波动的时段均有列车占用，没有波动的时段均为区段空闲时。可以得出曲线波动的时段与列车占用有关。

(2)通过浏览各区段的发送功出电压曲线，发现没有波动的问题，且相邻两个区段主轨出电压波动的现象基本一致，所以可以判断问题不在室内设备而是在室外设备上，且应该在两区段的衔接处。

(3)空扼流变压器的钢轨引入线松动造成牵引回流不平衡，引起主轨出电压波动的情况，必须满足这两个区段空扼流变压器的钢轨引入线均存在松动。经现场检查未发现引入线的接头和端子松动，双联螺杆没有发现有断裂和松动的情况，且未发现绝缘节处有因回流不畅造成轮对拉弧的痕迹，所以可基本排除牵引电流不平衡的问题。

(4)两区段分界处的绝缘节是否有受损、短路，扣件碰接头夹板等问题均有可能造成在过车时因两区段短路接触不良造成主轨出电压波动。进行现场检查发现绝缘节处的绝缘片破损，可判断是绝缘节破损造成相邻两区段的主轨出电压波动。经过更换绝缘节后两区段主轨出电压在次日恢复正常。

(七)调谐单元特性变化引起主轨出电压异常波动

1. 故障概况

××站 14465AG 的主轨出电压异常波动，最后出现了红光带，如图 2－73 所示。

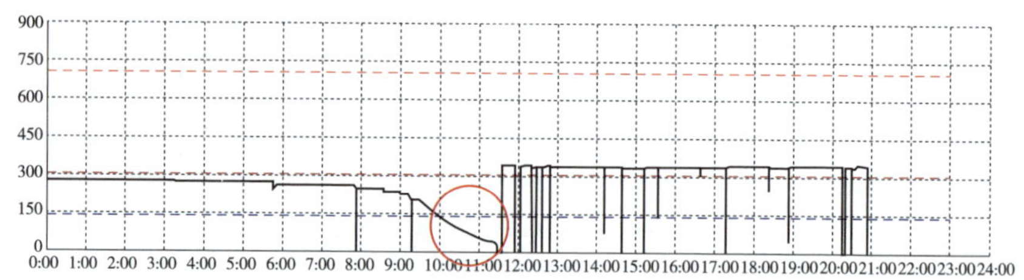

图 2－73　14465AG 出故障当日主轨出电压曲线

2. 原因分析

通过对该区段及相邻区段的小轨出电压日曲线分析，发现该区段前方相邻区段 14483BG 的小轨出电压也同样出现了类似的波动现象，如图 2－74 所示，可以判断为 14465AG 的发送端调谐匹配单元出现问题。

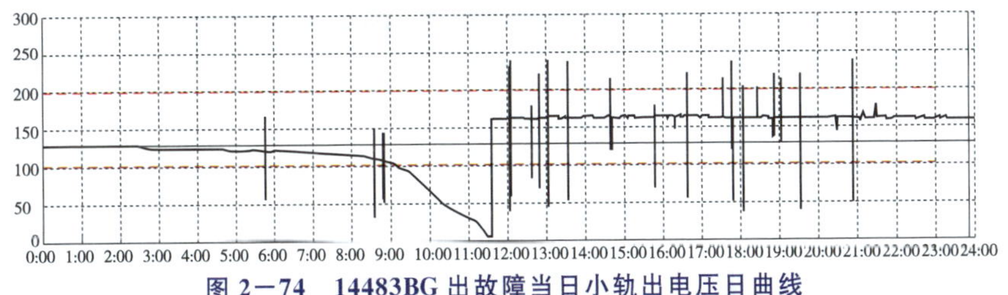

图 2－74　14483BG 出故障当日小轨出电压日曲线

(八)轨头之间绝缘击穿短路引起主轨出电压瞬间突降

1. 故障概况

××站 12DG 闪红光带，调阅集中监测发现 12DG 电压曲线在 12:48 瞬间突降，且波动不止，如图 2－75 所示。

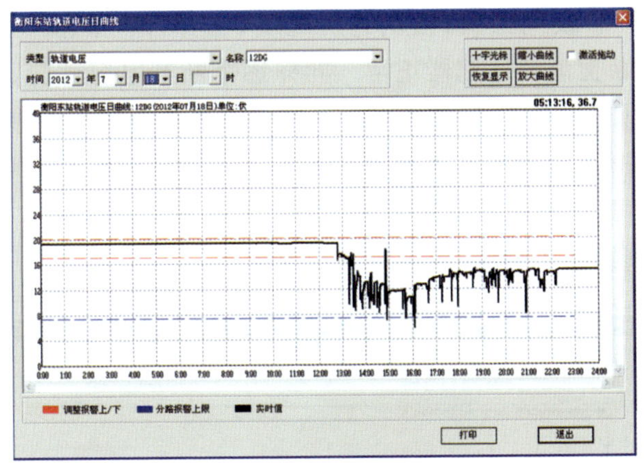

图 2－75　电压曲线突降

7 月 19 日夜间天窗上道测试送电端限流电阻电压偏高，由 3.7 V 上升为 5.0 V，初步判断为短路故障，轨面电压由 3.7 V 下降为 3.0 V，且送受端基本没有变化，对区段内的电容、杆件绝缘、钢轨绝缘进行测试，均未发现异常。受端甩线测试电压只有 18 V，进一步说明故障点在室外的轨道电路部分。其间因室内外联络沟通误会，将室外发码隔离盒进行更换，没有效果，电压仍是 14.5 V，因天窗时间不够，临时将电压调高至 17.5 V，如图 2－76 所示。

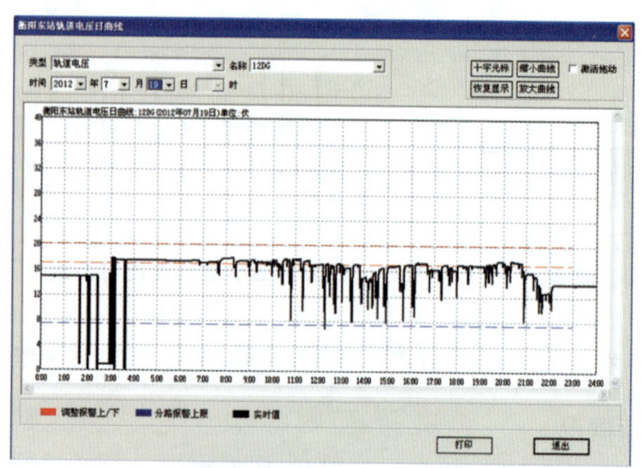

图 2—76　电压调高曲线

7 月 20 日夜间天窗，再次进行甩线试验测试，根据 GJ 端电压变化趋势，判断扼流变适配器正常。同样逐个断开电容试验，GJ 端电压也无变化，如图 2—77 所示。再进一步对 12 号道岔安装装置绝缘及钢轨绝缘进行全面测试，发现 10 号/12 号渡线东边绝缘两轨端电压 2.5 V，西边绝缘两轨端电压0.4 V，极为不平衡，分析可能 10 号/12 号渡线西边绝缘轨头短路，但没有进行处理。

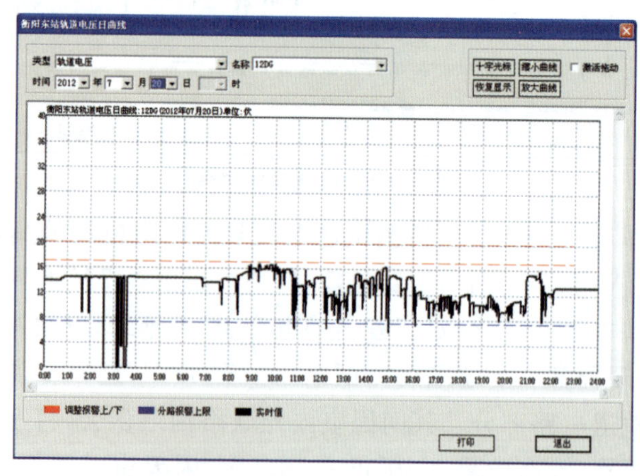

图 2—77　电压无变化

7 月 20 日白天根据两天的查找测试情况，调阅 8-10DG 电压主轨出曲线，发现 12DG 电压下降的同时 8-10DG 电压也下降了 40 mV，如图 2—78 所示。

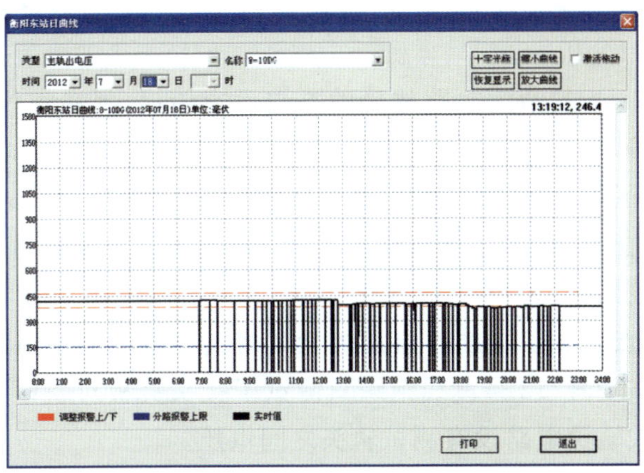

图 2—78　电压主轨出曲线

7 月 21 日夜间天窗，断开 12 号道岔岔后极性跳线，GJ 端电压由 13.2 V 立即上升至 23 V，如图 2—79 所示，同时 8-10DG 电压也同步上升。

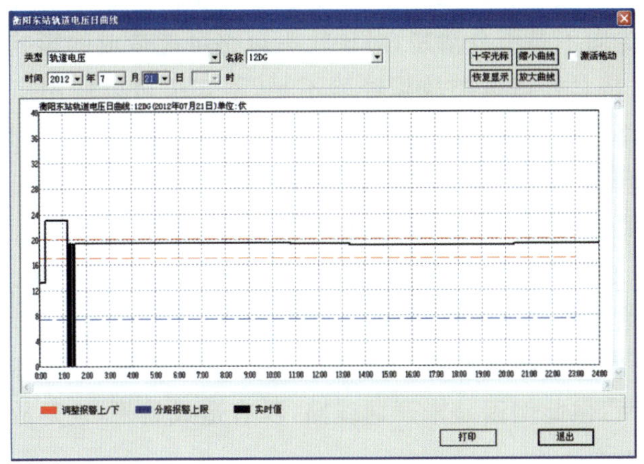

图 2—79　GJ 端电压曲线

断开10号、12号岔后极性跳线及10号/12号渡线绕行线，测试10号/12号渡线西边绝缘两轨头电阻为零，两轨头对接头夹板电阻为无穷大，判断为10号/12号渡线西边绝缘测量接头夹板与轨头绝缘良好，轨头之间击穿短路，临时将12DG至渡线的极性跳线拆除处理。

2. 原因分析

(1)第一步判断为短路故障的方向没有错误，但在查找具体短路点时发生偏差。

(2)该区段为25 Hz 3 V电气化区段，测试其前后26DG及6DG均没有发生电压波动情况，而忽略了10号/12号渡线绝缘相邻ZPW-2000站内轨道电路10DG的电压变化。

(3)重点测试了轨端4组及极性2组共6组绝缘的电压，没有发现问题，对10号/12号渡线绝缘只测试了接头夹板对轨端绝缘良好，两不同制式轨道电路没有测试轨头之间电压。

(4)利用稳妥的甩线试验手段，排除适配器、电容等设备故障是可行的。

(5)对不同制式的轨道电路进行轨端电压测试，且进行对比分析，也是找出故障点所在好方法。

(6)分析可能轨头短路，但没有进行处理。一是对电气化区段牵引回流的走向不是十分清楚，对该轨头短路可能造成的影响没有足够的预想；二是对处理该类故障经验不足，不知道可以使用应急的方法先消除短路造成的影响。

(7)12DG与8-10DG是相邻区段，但因为制式不同，在集中监测界面上需要打开不同的菜单，容易引起查阅漏项。

(8)一般发生轨道绝缘破损会有机械变形或存在相对位移，但高速铁路的绝缘外观一切正常，内部发生击穿。

(9)一般发生绝缘破损会造成牵引电流不平衡，从而将轨道保险或开关冲断，但此例因是未开通线路，没有造成后果，也是故障比较隐蔽的一个方面。

(九)调谐单元特性变化引起主轨出和小轨出电压整体下降

1. 故障概况

17181AG主轨出电压和小轨出电压整体下降，如图2－80和图2－81所示。

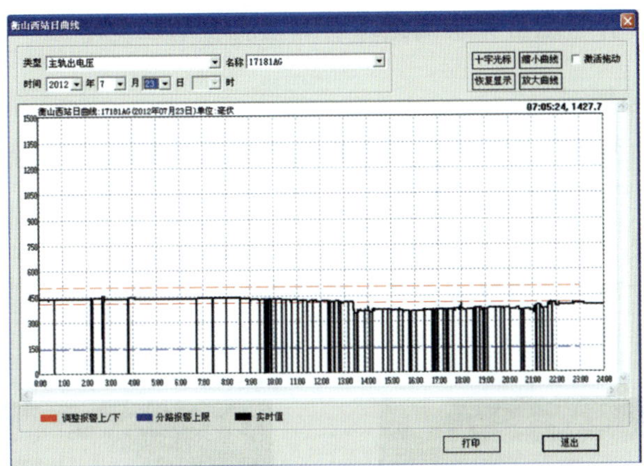

图2－80 主轨出电压监测曲线

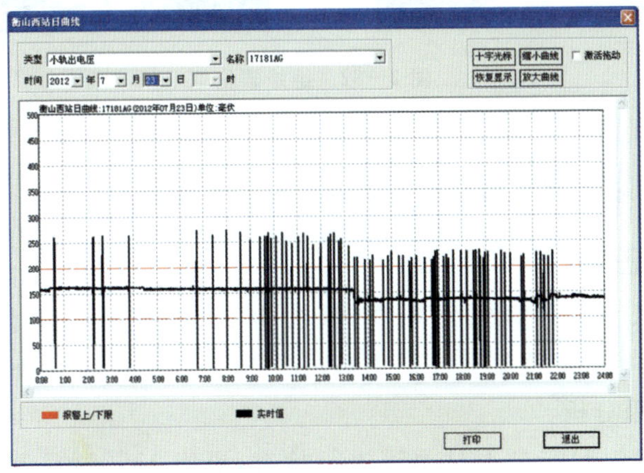

图2－81 小轨出压监测曲线

2. 原因分析

浏览完曲线后，发现曲线下降后趋于平稳，上道检查情况：

(1)对此区段内的电容进行全面检查，电容良好。

(2)通过对曲线分析为接收端问题，测试接收端电缆侧为 14.6 V，更换双体盒内电容后测试为 16.39 V，曲线恢复。

(十)牵引电流击穿轨端绝缘引起主轨出电压突增

1. 故障概况

××信号工区值班人员计算机监测浏览时发现 4G 主轨出电压在 13:13 突增到 473 mV。

2. 原因分析

检查发现该处绝缘被大牵引电流击穿碳化(图 2—82)，更换了 4G 胶接绝缘接头，浏览上述问题未再出现异常。

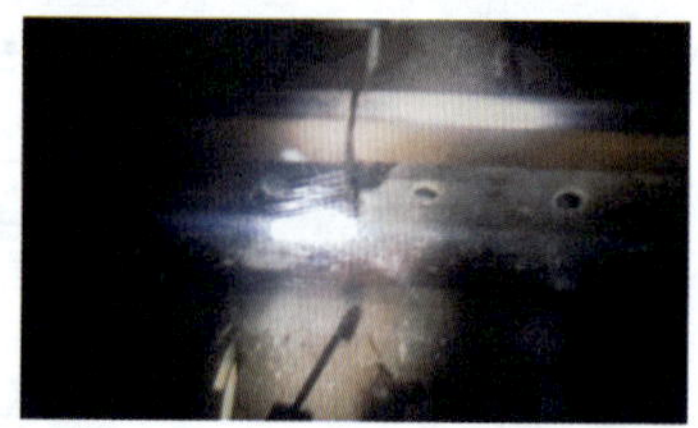

图 2—82 绝缘碳化

(十一)调谐单元特性变化引起小轨出电压逐渐升高

1. 故障概况

值班人员在计算机浏览时发现中继 29 站 17926AG 小轨出电压由原来的 166 mV 逐渐升高的趋势，在区间主轨出电压没有变化。

2. 原因分析

在天窗时间安排人员上道进行检查，更换 17926AG 接收端调谐匹配单元后小轨电压恢复正常，如图 2—83 所示。

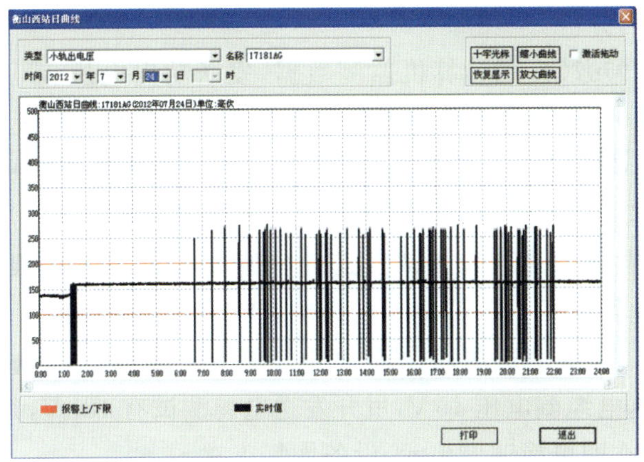

图 2－83　监测曲线

(十二)调谐单元损坏

1. 故障概况

××高速铁路区间 19707CG 红光带,图 2－84 为 19707CG 发送功出与主轨出电压,功出电压稍微下降,主轨出下降很多。

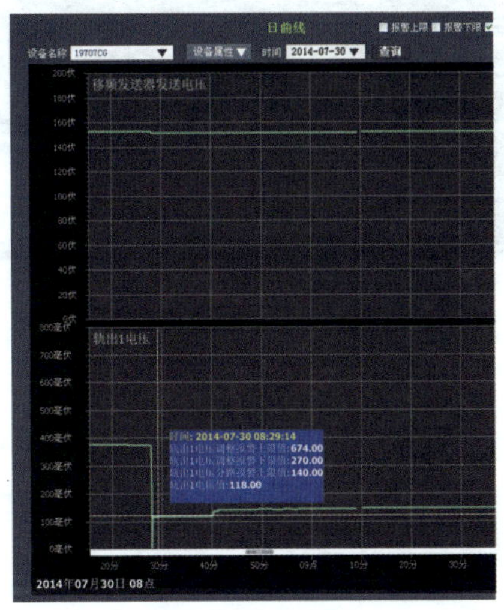

图 2－84　19707CG 发送功出与主轨出电压

2. 原因分析

调阅 19707CG 的计算机监测数据，发送功出电压 150 V（正常），主轨电压 101 mV（平时 370 mV），小轨电压 162 mV（正常），前方区段 19707BG 小轨电压 0 mV（平时 161 mV），通过测试数据判断是室外发送通道故障。

在中继 37 机械室，测试发送端电缆模拟网络盒的设备侧电压 149 V，电缆侧电压 131 V，电压已送出，判断是室外故障。

在 19707CG 的送端，测试轨面电压 0.5 V（平时 2 V）偏低，测试双体盒内发送电缆侧电压 15 V，甩开发送电缆测试有 181 V，判断是调谐单元短路，立即更换调谐单元，设备恢复正常。

（十三）衰耗冗余盒不良或主轨调整线插针材质及工艺不良

1. 故障概况

520BG 红光带故障，如图 2—85 所示。

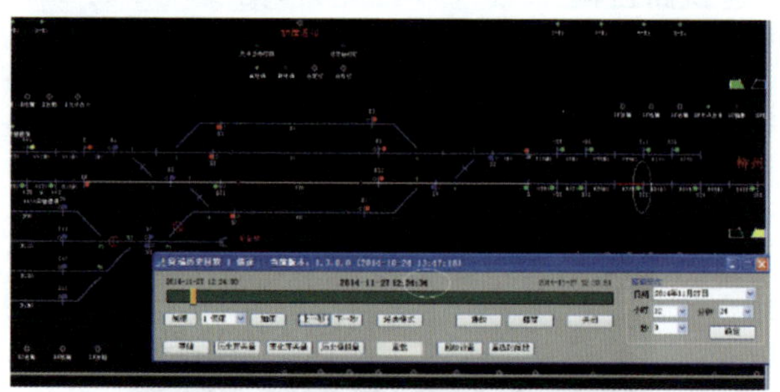

图 2—85　故障现象

2. 原因分析

图 2—86 和图 2—87 显示故障时送端电缆侧电压正常，接受电缆侧电压正常，小轨电压正常，只有主轨出电压不正常。故障为衰耗冗余盒不良或主轨调整线插针材质及工艺不良造成。

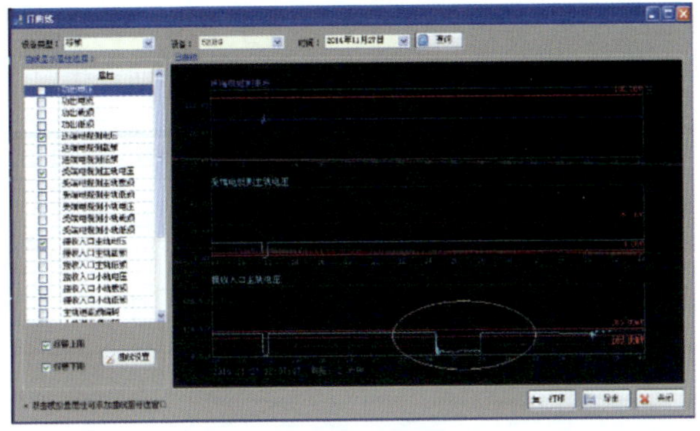

图 2—86 故障曲线

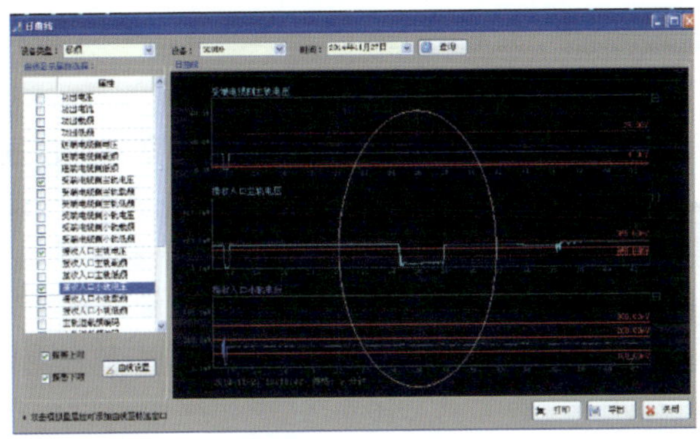

图 2—87 监测曲线

三、动态检测分析

1. 故障概况

综合检测列车检测××高速铁路上行线时，发现××站 4DG 存在50 Hz工频干扰，幅度约为 340 mV，如图 2—88 所示。

检测发现的 50 Hz 干扰是指 TCR(机车信号)感应信号中含有工频成分。从图 2—88 可知，在检测到 50 Hz 干扰处，左右轨牵引回流不平衡。

通过对测试数据测算，确定干扰集中在 4DG 道岔区段距 S 进站信号机内方约 150 m 处，根据岔区实际情况，初步分析认为产生干扰的原因可能为右轨通过道岔杆件接地，导致右轨部分牵引电流通过杆件回地，降低钢轨内部的电流值，致使左右轨牵引电流不一致，从而产生 50 Hz 干扰。

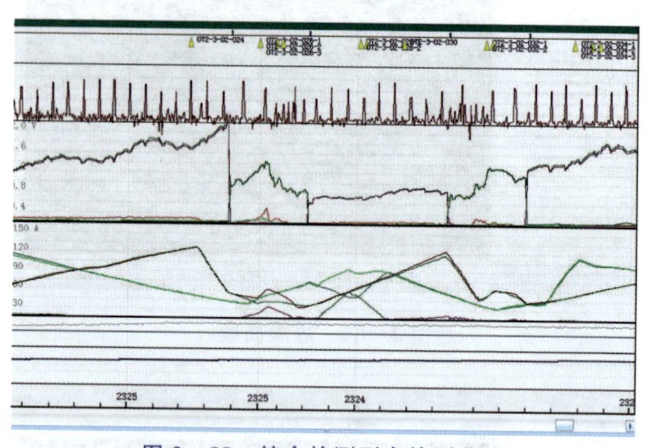

图 2—88 综合检测列车检测曲线

到达现场后，重点利用钳型电流表对 4 号道岔各杆件进行泄漏电流检查测试。在第三密贴检查器处，测试到长外表示杆（接连上行方向右轨）存在 570 mA 的 2 600 Hz 信号电流，而短表示杆无电流，判定长外表示杆接地。对表示杆绝缘分解，发现其绝缘少安装一块。处理后再进行测试，表示杆中的泄漏电流不复存在，左右轨对地电压平衡。

2. 原因分析

(1)动态检测问题往往隐含着严重的设备隐患，在以往的测试中还发现由于引接线断线导致调谐区调谐匹配特性发生变化而产生相邻区段干扰问题，因此必须高度重视动态检测问题整改工作。一旦发现问题，应组织技术力量深入分析原因，进行查找整治。

(2)对于 50 Hz 干扰问题，一般是轨道回流不平衡导致的，问题分析着重从回流通道是否通畅、钢轨接地等方面进行。在设置扼流变压器、回流线、钢轨引接线、道岔跳线等处重点检查连线是否连接良好，回流是否通畅；在其他地点，重点检查是否存在钢轨接地现象，比如道岔杆件、地锚拉杆绝缘是否良好，有无设备地线、火花间隙等连接钢轨，特殊情况下还应考虑整体道床区段的钢轨是否通过扣件、锚钉接地（道床内部钢筋网）。

(3)对钢轨是否单边接地,可采用电压表测试左右钢轨对地电压是否大致相等来判别;若存在接地点,可采用钳型电流表测试泄漏电流的方式逐点进行排查。

第四节　其他原因故障

一、脱落鱼鳞片导致红光带

1. 故障概况

××线××站 15DG 轨道电路出现红光带,经工务现场检查人员多次检查,发现 15 号道岔导曲上股绝缘轨端接头夹板下部轨缝底部与绝缘轨头断面(凹槽间)存在钢轨鱼鳞片(尺寸 6.2 mm×2 mm×0.3 mm),如图 2—89 和图 2—90 所示。

图 2—89　钢轨脱落鱼鳞片痕迹

图 2—90　鱼鳞片脱落位置

通过计算机监测回放及轨道电路曲线查询可以判断,故障时室外处于半短路状态,如图 2—91 所示。

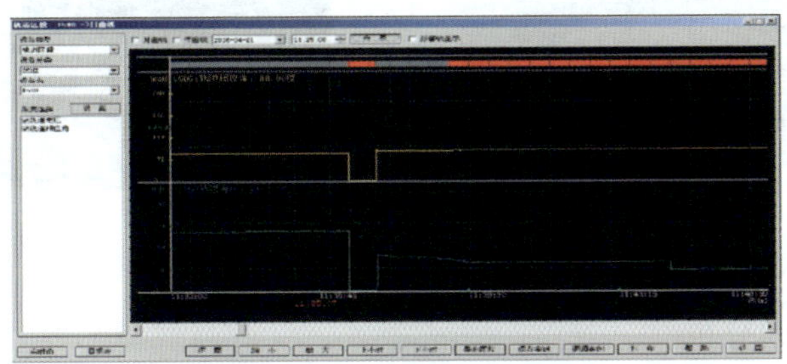

图 2—91　计算机监测曲线

2. 原因分析

由于车辆碾压导致钢轨脱落鱼鳞片，经车列振动、风等外力因素作用下，落在15号道岔岔后绝缘西股东侧轨底轨缝间，造成轨道电路处于半短路状态，轨道出现红光带。清除后，轨道电压恢复正常。

二、铁屑导致红光带

1. 故障概况

14-18DG轨道电路区段产生红光带，检查发现接头轨底有铁屑，将铁屑清除后轨道电路恢复正常，如图2—92所示。

2. 原因分析

现场检查发现X1信号机西股绝缘接头南侧钢轨存在肥边，经列车碾压后产生掉落铁屑造成短路，导致轨道电路产生红光带。

三、铁皮导致红光带

1. 故障概况

××站Ⅱ场9道235DG遗留红光带。接到通知后立即通知值班人员赶往现场开始检查，发现235DG导曲绝缘轨面有铁皮，如图2—93所示。

图2—92 轨底铁屑

图2—93 轨面铁屑

2. 原因分析

235DG导曲绝缘轨面有铁屑，绝缘前后无鱼鳞铁、无肥边，工务设备正常，初步判定该处绝缘轨面铁皮为列车闸瓦与车轮踏面长时间接触高压摩擦后产生的金属镶嵌物（俗称熔渣）。

四、铁丝导致红光带

1．故障概况

××站Ⅱ道列车通过后，遗留红光带。

2．原因分析

检查人员检查至Ⅱ道32号铁处时，发现有一根铁丝（长约2 m，直径3～4 mm）将两股钢轨封连，如图2－94所示，将铁丝移走后红光带恢复。

五、熔渣物导致红光带

1．故障概况

××站下行编发场工务驻站电话通知373DG-379DG出现红光带，接到通知后工务人员赶赴现场检查确认。经现场检查，下行编发场菱7号道岔南侧钝角辙叉绝缘接头绝缘轨缝中存在熔渣物，如图2－95所示。

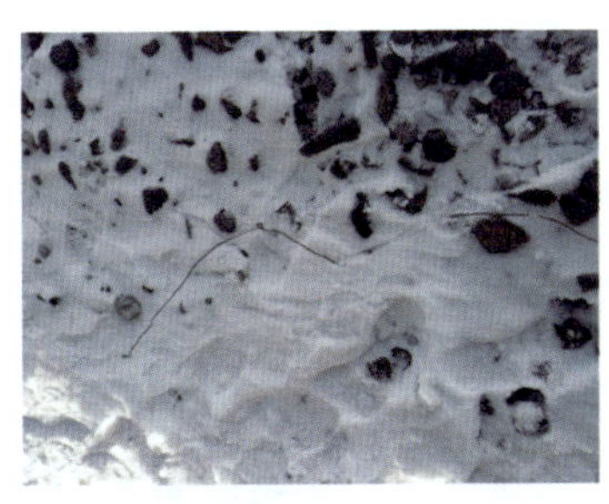

图2－94　铁　丝

图2－95　熔渣物

2．原因分析

钝角辙叉绝缘接头绝缘轨缝中存在熔渣物。

六、铁片导致红光带

1. 故障概况

1001号道岔导曲线上股极性绝缘处有1块7 mm×4 mm铁片吸附在绝缘接头处(尖跟位置)造成绝缘接头虚连,如图2—96所示。1001号道岔导曲线上股为普通绝缘接头,轨缝6 mm,接头前后钢轨表面垂直磨耗1 mm、侧向磨耗3 mm,尖轨顶面、侧面存在着部分鱼鳞掉块的旧痕。

2. 原因分析

道岔侧向通过列车较多,且导曲线半径180 m,列车碾压曲上股出现剥落掉块被通过列车车轮带到绝缘处吸附,导致绝缘虚连,产生瞬闪红光带。

七、非钢轨金属物搭接导致红光带

1. 故障概况

××站XⅠ-21信号机至D156信号机间轨道红光带,立即赶赴现场进行检查,发现180号道岔上导曲线绝缘接头非钢轨金属物搭接(疑似闸瓦皮),如图2—97所示。

图2—96 铁 片

图2—97 非钢轨金属物

2. 原因分析

闸瓦上铁屑在与轮对摩擦后形成金属片脱落搭接在绝缘接头处,

产生红光带现象。

八、工具掉落短路

1. 故障概况

××站上行出发场10G轨道电路瞬闪红光带，因工具掉落造成瞬间短路。

因换轨时须将铺设平过道的枕木和护轨拆除，并临时放置在9道和10道两线间（线间距5 m）不侵限的位置，换轨后恢复平过道。在拆除平过道作业过程中，有一根翻轨器（1.41 m长）处在9道和10道两线间，影响枕木和护轨落地摆放，现场职工随手将翻轨器顺着平过道方向向10道扔去，翻轨器横搭在平过道内的两根护轨上，10道瞬闪红光带。将翻轨器拿出后红光带消失，如图2—98所示。

2. 原因分析

对职工在既有线上作业，安全教育管理不到位，工具使用卡控不到位，现场监控管理不到位，导致工具随手乱扔，造成未封锁的10道临线1分28秒的红光带。

九、夹铁屑短路

1. 故障概况

××站3071DG瞬闪红光带，电务人员对该绝缘接头进行电阻值测试时，发现在3071号道岔岔前左股里口绝缘处有一铁屑（长18 mm×宽6 mm，由于该铁屑颜色与密封胶颜色接近，之前检查未发现），造成轨道绝缘封连，如图2—99所示。经工务、电务人员现场共同处理完毕后，轨道电路恢复正常，交付车站正常使用。

2. 原因分析

通过现场检查，3071号道岔岔前左股绝缘接头前后钢轨无明显鱼鳞伤损，短路铁屑可能是从其他位置钢轨脱落，被列车轮缘带到该绝缘接头，并吸附在该绝缘接头作用边处，造成短路。

图 2—98 翻轨器

图 2—99 铁屑位置

十、铁皮短路

1. 故障概况

××站间下行 K135＋900 发生红光带。

2. 原因分析

检查发现××下行线 K137＋300 处线路中心有一块长 2 m×宽 0.35 m 白色铁皮，将白色铁皮全部清除。

经过排查，公安确定该白色铁皮在居民家存放，因风力过大将白色铁皮刮至线路上造成红光带，如图 2—100 所示。

图 2—100 白色铁皮

十一、掉落闸瓦短路

1. 故障概况

××站到达场 1029-1035DG 瞬闪红光带。

2. 原因分析

经工务、电务人员现场共同检查发现在 1033 号道岔第二和第三尖轨处滑床板间有掉落闸瓦碎片(长 50 mm×宽 15 mm),造成轨道绝缘封连,未影响列车,如图 2—101 所示。

图 2—101 闸瓦碎片

十二、闸瓦融化的铁片短路

1. 故障概况

××站 29-35DG(29 号/31 号/33 号/35 号道岔处)着红光带。

2. 原因分析

检查发现 33 号道岔第二尖轨滑床板与第三尖轨间有一块车辆闸瓦融化的铁片(长50 mm×宽 35 mm),将其扒拉掉,随后红光带消失,如图 2—102 所示。

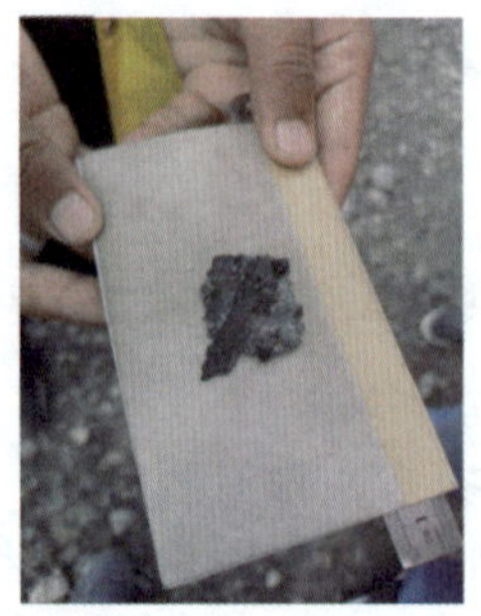

图 2－102　闸瓦融化的铁片

十三、铁屑短路

1. 故障概况

××站 32DG 轨道电路着红光带，检查发现 32 号道岔导曲线绝缘接头处有车轮碾压落下的铁屑，擦拭后轨道电路恢复正常，如图2－103所示。

2. 原因分析

(1)由于××站Ⅱ道正线尚未开通，列车全部由曲股通过，造成导曲轨侧面磨耗过快产生铁屑。

(2)电气化开通，接触网带电，铁屑在电磁作用下吸附在钢轨轨面和车轮踏面上，列车通过时车轮将铁屑碾压在绝缘轨缝处造成短路。

(3)钢轨打磨不及时，打磨周期没有跟上设备变化周期，钢轨侧面磨耗产生的铁屑没有及时处理。

十四、击穿电务设备引发红光带

1. 故障概况

××站 6 道出现红光带。

2. 原因分析

经检查发现在 6 道外进行装卸作业的翻斗车刮碰 6 道上方的接触网定位杆，造成电流被引入钢轨，击穿电务设备引发红光带，如图 2－104 所示。

图 2—103　铁屑短路

图 2—104　钢轨伤损

十五、电缆烧焦引发红光带

1. 故障概况

××线下行××区间 3 离去、2 离去，上行 1 接近、2 接近信号机显示红灯。

2. 原因分析

检查发现下行 K916＋310 网外距离封闭网约 6 m 处，地方百姓私自烧荒，由于风大火势烧向线路方向。距封闭网约 6 m 地头处，电务电缆由于地头被雨水冲刷，多处裸露，其中一处裸露电缆被烧焦(图 2—105)，电务人员赶赴现场后立即进行了抢修，使用非正常发车，恢复通车。

图 2—105　现场电缆烧焦情况

第三章　牵引供电设备病害

在铁路电气化区段牵引供电系统已和信号系统、工务系统一同成为不可或缺的重要组成部分。接触网是牵引供电系统中的重要组成部分，由于其设置的特殊性（机电合一，露天设置，动态工作，没有备用），一旦发生故障将会直接影响牵引供电系统的正常运行，严重时还会中断电气化铁路的行车功能。

第一节　病害原因分析

一、承力索故障

（一）故障概况

承力索常见的故障有断股及断线，如图3—1和图3—2所示。

图3—1　承力索断股或断裂

图3—2　承力索断股

承力索故障可能引起下列后果：

（1）承力索断股且断股数较多时，承力索会被拉断造成塌网，从而扩大故障范围，一是对电力机车、动车组或大地短路放电烧损其他设备；二是接触线高度及稳定性急剧变化可能引起刮弓。

(2)承力索断股后，由于接触网受弓网间的摩擦运动而引起的振动等原因，使已断的股形成较长距离散股，一是对车辆、附加悬挂或大地短路放电烧损接触网，二是散股线打坏或缠绕住受电弓造成刮弓。

(3)承力索断线后，其两断头或两头之一松弛至接触线下部甚至落地，一是会直接造成接触网对地短路放电，烧坏接触线或钢轨；二是承力索断线处部分吊弦失力并随承力索断开部分松弛到接触线下部，若司机未注意瞭望并发现，可能危及人身安全及行车安全。

(4)承力索断线后，链形悬挂承力索与接触线并联下锚时，整个补偿张力全部加在接触线上，使接触线的张力增大，如果接触线某处有缺陷，再加上断线瞬间的冲击力，有可能使接触线被拉断，造成整个锚段的接触网全部崩塌。此时，如果断线制动装置失效，则补偿坠砣将严重毁坏。

(二)原因分析

(1)烧断股或断线：一是主导电回路不畅，非载流承力索载流引起承力索烧断；二是电连接器线夹固定不牢或与线索接触不良，造成承力索烧断股，断股后没有及时处理，进而造成断线；三是绝缘子闪络或击穿造成接触网对地短路放电烧断承力索；四是铜承力索接头处的电连接线状态不良(如接触不良、螺栓松动)或载流截面不够，造成承力索烧断股或断线；五是其他线索(如正馈线、保护线等)断线后与承力索接触或搭接，会造成承力索烧断。

(2)承力索与承力索之间、承力索与其他接触网部件之间相摩造成承力索断股或断线。

(3)严重腐蚀造成断股和断线。隧道内由于滴水，而水中含有化学物质，使承力索腐蚀而断股，如没有及时发现并处理，进而造成断线。

(4)其他原因使承力索断线。如发生刮弓造成承力索断线；补偿装置发生卡滞，承力索承受张力过大引起拉断等。

(三)整治措施

1. 承力索断股后故障处理

(1)当承力索断股面积小于截面积的7%时,用锉刀将承力索断股的两个断头打磨平,并将其按原承力索上缠绕位置复原后,用承力索单股线进行缠绕绑扎或采取其他补强措施。

(2)当承力索断股面积等于或大于截面积的7%时,需切断做接头,其方法如下:

①在承力索断股位置立好梯子,将梯子的安全拉绳倒在接触线之上(注意不可将梯绳倒在承力索上,因为需要断线,不可靠)。

②作业人员(1人)登上梯子,站稳攀牢,并将安全带钩挂在承力索上。检查承力索断股的股数及散股程度,根据断股及散股情况,将断股头两侧散股的断股线按其在承力索上原缠绕的位置复原,并用绑线在两断头适当位置分别绑扎。

③确定断线位置点,擦去断线点两侧承力索上的油污后,在承力索断线点两侧适当位置各安装一个楔形紧线器并打紧。楔形紧线器前方约100 mm位置固定一个钢线卡子(或吊弦线夹),以防紧线时楔形紧线器打滑。

④在两楔形紧线器间连接好手扳葫芦,然后利用手扳葫芦紧线。

⑤确认楔形紧线器、手扳葫芦和套子安全可靠后,用断线钳按断线点位置将承力索断开。

⑥按要求制作承力索回头并进行接头连接,然后慢慢放松手扳葫芦,直至承力索完全受力,确认无异常情况,再拆除手扳葫芦和紧线器。

⑦在接头处安装电连接。安装电连接时要将电连接接线与线夹接触部分、电连接线夹内壁及承力索接触部分用汽油清洗,细钢丝刷子打磨并涂电力复合脂;在承力索接头两侧分别用电连接线夹将电连接线与承力索进行连接固定,紧固螺栓符合紧固力矩要求。

⑧清理作业现场,无其他问题则结束作业。

2. 承力索断线后故障处理

(1)如果承力索损坏范围较长时，不宜采用在断口处直接做接头的办法来接通承力索，要将两断头切去一定长度的承力索，然后中间接上一段新的承力索，其长度应与两断头被切掉部分、回头部分长度之和基本相符。

(2)将被切断承力索范围内的吊弦、电连接等拆除。

(3)在距离承力索两断头适当位置各安装一个楔形紧线器，并在楔形紧线器前方约 100 mm 位置固定一个钢线卡子(或吊弦线夹)，以防紧线时楔形紧线器打滑。在连接好手扳葫芦之后开始紧线，紧线时要注意两端补偿坠砣的活动情况及吊弦的倾斜变化。

(4)按要求制作好新、旧承力索回头后(利用对接接头线夹连接不需制作回头)，将新的一段承力索串入连接好。接入新的一段承力索应以不改变原承力索的长度为原则，然后慢慢松开手扳葫芦，使承力索加入段完全受力，确认无异常时，拆除手扳葫芦及紧线器。

(5)在承力索两接头处按要求装设电连接。

①对损坏的吊弦、电连接等进行更换和调整。更换吊弦时要按要求进行吊弦布置和严格计算确定吊弦长度，以保证接触悬挂导线高度符合运行受电弓良好取流的要求。

②测量故障区段的导线高度和拉出值，对不符合要求处进行调整，并检查接触网有无其他部件损伤，发现损伤应及时修整或更换。

3. 下锚补偿装置故障处理

(1)承力索断线时，承力索的下锚分段绝缘子会被破坏，应将损坏的绝缘子拆除、更换。

(2)如果同时造成补偿装置其他部件(如坠砣限制架、补偿绳、坠砣等)损坏，则应进行更换。

二、接触线故障

(一)故障概况

接触线若发生事故通常就是断线，如图 3－3 所示。

图 3—3 接触线断线

接触线一旦发生断线事故，可能引起下列后果：

(1)接触线断线后，如果下锚补偿器没有装设断线制动装置或断线制动装置失灵，则补偿坠砣串急剧下移落至地面，形成对与其连接接触线的冲击张拉，接触线向补偿器方向较长距离的窜动，造成断线点至补偿器间的接触网设备严重损坏。

(2)接触线断线引发刮弓事故，造成事故范围扩大。

(二)原因分析

1. 烧断

(1)电连接线夹与接触线接触不良或载流面不够，造成接触线烧伤、断线。

(2)吊弦、定位装置、电连接器等脱落造成接触网对机车车辆或对地短路放电，造成接触线烧断。

(3)承力索断线后对大地或机车车辆短路放电，造成接触线烧断。

(4)绝缘子闪络或击穿造成接触网对大地短路放电，烧伤、烧断接触线及烧断股、烧断承力索。

(5)电力机车上受电弓支持绝缘子击穿或爆炸造成接触网对机车、大地短路，烧断接触线。

(6)主导电回路不畅或因接触线载流截面减小使其通过的电流量超过额定载流量引起烧断。

(7)接触线存有严重“硬点”、“死点”或线面严重扭转，使运行受电弓离线产生电弧烧伤接触线，恶性循环，造成接触线断线。

2. 拉断

(1)接触线局部磨耗超标准未及时发现、处理导致拉断。

(2)接触线局部烧伤严重未及时发现、处理导致拉断。

(3)腐蚀或全磨耗严重被拉断。

(4)补偿卡滞，温度急剧下降时，接触线张力过大导致拉断。

3. 刮断

一般是由于接触网存在严重的质量缺陷或技术问题，造成电力机车运行受电弓钻弓、刮弓，从而刮断接触线。

(三)整治措施

依据供电调度准许作业命令，验电接地并按规定设置行车防护后开始作业。

(1)将车梯搬上线路，车梯平台抢修人员要认真检查接触线两断头及其他部分接触线损伤情况，视具体情况用断线钳切去不符合要求的断头部分(若断头切除较长，需接续一段新的接触线，此种情况下需完成两个接触线接头)，用平锉将接触线两断头端头打磨平滑。

(2)在距接触线两端头适当位置各装一个导线紧线器，并在紧线器前方约 100 mm 位置的接触线上各装好一个吊弦线夹，以防紧线时紧线器打滑。

(3)先用大绳将断线吊起，再连接好手扳葫芦，然后操作手扳葫芦紧线，紧线时注意观察紧线器的状态，当接触线紧到能做接头的程度时，停止紧线。

(4)检查断头两侧定位点处或拉脱吊弦处接触线线面，若线面扭曲，则用导线校正扳手校正线面。

(5)用接触线对接接头方式或并接接头方式进行接触线接头。采用接触线对接接头时，将接触线两断头用接头线夹带螺纹侧夹住，两端头相对接头线夹居中，并留有 1～2 mm 间隙，将事先准备好的一段约 180 mm 附加导线安装在接头线夹无螺纹侧，由里向外依次紧固好接头线夹螺栓。

(6)放松手扳葫芦,使接头受力,确认无异常情况,撤除手扳葫芦及紧线器。

(7)接头做好后,安装接头线夹上的吊弦,并调整接触线高度,接头线夹处接触线高度应与定位点处接触线高度等高。

(8)补偿处人员加装被拆卸下的坠砣,接触线张力达到要求后,装设拉脱的吊弦,固定拉脱的定位器及调整拉出值,并对其偏移不合适之处进行调整。

(9)检查中锚绳受力及锚段关节状态等,确保受电弓良好取流。

三、吊弦或吊索故障

1. 故障概况

吊弦或吊索常见的故障是脱落和断线,如图 3—4 所示。

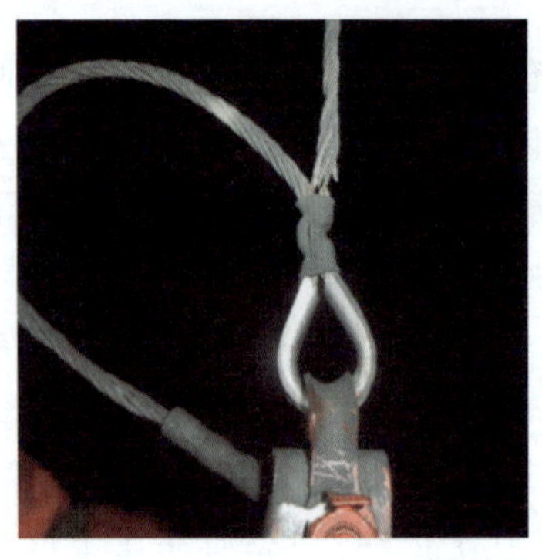

图 3—4　吊弦断股

吊弦或吊索脱落和断线可能引起下列后果:

(1)吊弦脱落或断线后,一是接触线悬挂点减少,使接触线的高度降低、弛度变大,造成运行受电弓取流不良,甚至会造成弓网事故;二是端头落至接触线以下,形成对机车、大地短路放电,造成接触线烧伤、烧断,或与运行受电弓缠绕,引发弓网事故。

(2)弹性简单悬挂吊索线夹脱落或吊索断线,会使接触线的弛度变大,受电弓取流不良;吊索下垂,与受电弓缠绕,引发弓网事故。

2. 原因分析

(1)烧断。在正常情况下,非载流吊弦是没有电流流过的,载流吊弦流过的电流超过允许载流量时,会造成烧断。发生吊弦烧断现象主要是因为附近的电连接器损坏、与接触线接触不良或载流不够,机车取流时使吊弦通过较大电流而造成。

(2)磨断。通常是普通环节吊弦环与环相摩擦,导致磨断,并造成脱落。

(3)吊弦因偏移不符合要求,造成拉脱线夹或拉断吊弦线。

(4)吊弦线夹螺栓松动或因裂纹等缺陷开断,造成吊弦脱落。

(5)发生弓网事故被受电弓刮脱等。

3. 整治措施

(1)按作业要求办理好停电及线路封锁手续,验电接地并设好行车防护后开工。

(2)作业人员上车梯(或作业车平台),拆除损坏的吊弦或吊索并保存,以分析脱落原因。检查吊弦线夹的损坏程度,确定是否需要更换;检查承力索是否烧断股、接触线是否烧伤等。

(3)按要求安装新的吊弦或吊索。

(4)复测接触线高度,并作调整。

(5)若吊弦是由烧断引起,应检查附近的电连接器及其他主导电回路是否畅通。

四、支持装置故障

(一)腕臂支持装置故障

1. 故障概况

腕臂支持装置常见的故障有绝缘子闪络或击穿、腕臂折断等。

绝缘子闪络或击穿形成接触网对大地短路放电,一是将造成支持构件或接触网其他设备烧毁;二是将引起变电所馈线断路器跳闸,造成运营中断。

腕臂支撑绝缘子折断,将直接造成塌网,引发严重的弓网事故,影响行车。绝缘子折断后同样也会造成接触网对地短路。

2. 原因分析

造成绝缘子闪络或击穿的主要原因是由于维修质量不高、绝缘子污染严重或绝缘严重老化等。造成腕臂折断原因主要是严重的弓网事故造成拉断;被超限货物车辆撞断;电气烧伤或烧断;材质或安装状态不良导致折断等。

3. 整治措施

(1)按供电调度停电作业命令要求办理停电及线路封锁手续,验电接地并设好行车防护后开工。

(2)抢修人员登上支柱,在支柱上适当位置挂好带有棕绳的单滑轮,与地面人员配合先将支柱上绝缘子的残留部分拆除。

(3)利用车梯作业时,将车梯推至事故地点,上网操作人员先用棕绳的一端捆绑好腕臂,地面人员拉住棕绳的另一端,然后拆除损坏的腕臂,并借助于棕绳将腕臂放至地面。

(4)更换损坏的棒式绝缘子或腕臂及其他部件,并按要求预配好新的腕臂支持装置。

(5)按操作要求将预配好的腕臂支持装置重新装好。

(6)网上作业人员和地面辅助人员相配合,用杉木杆顶或滑轮吊的办法,将承力索放入支撑线夹内并固定好。

(7)按操作要求和技术标准安装定位装置,并调整接触线拉出值。定位管状态及安装高度,定位器坡度、拉出值及跨中接触线偏移值等必须符合技术要求。

(8)调整或更换牵连损坏的接触网其他设备。

(9)若造成断线事故,则进行断线事故处理的其他作业。

(10)清理作业现场,恢复接触网送电通车。

(二)软横跨故障

1. 故障概况

软横跨发生故障较为少见,若发生故障一般是软横跨下部定位索发生故障。

2. 原因分析

一是由于定位器坡度过小或下部定位索弛度过大造成运行受电弓刮断下部定位索；二是吊车在走行过程中刮断下部定位索；三是下部定位索上联结零部件状态不良导致下部定位索抽脱而断开损坏；四是由于多种原因造成下部定位索上通过非正常电流，烧断下部定位索。

3. 整治措施

在软横跨故障抢修时可同时利用两架车梯进行抢修作业。

(1)抢修人员登上车梯后，在两断头适当位置安装楔形紧线器，先用大绳将断头吊起，在两楔形紧线器间连接好链条葫芦，然后操作链条葫芦紧线，将下部定位索紧至接近水平状态时，停止紧线。

(2)若链条葫芦处下垂较大，可用吊线临时悬吊在上部定位索上，并将链条葫芦手柄及断索用铁线进行固定，确保不影响行车。

(3)恢复该组软横跨各股道定位器，并使接触线拉出值满足机车受电弓运行取流要求。若此软横跨牵涉线岔定位，应检查调整线岔。

(4)确认具备临时通车条件，即可销令送电通车，然后再在天窗时间内申请停电更换下部定位索。

五、定位装置故障

1. 故障概况

定位装置故障多数是由于定位器状态不良而引起定位脱落或断裂，如图 3—5 和图 3—6 所示。

图 3—5　定位装置脱落

图 3—6　损坏的定位装置

定位器状态不良主要表现在定位器坡度过大或过小，定位器偏移量过大或偏移方向错误，定位环松动、定位线夹固定不牢或螺栓松动，定位环或定位线夹断裂等。

(1)定位器坡度太小，会造成受电弓与定位器相碰撞，从而打坏受电弓和定位器，严重时，会使腕臂绝缘子受损或折断，引起严重的弓网事故。定位坡度太大，会形成“硬点”，不仅会使接触线局部磨耗严重，而且使受电弓的取流状况变坏；同时会使定位线夹严重偏斜，从而造成定位线夹刮坏受电弓的碳滑板。

(2)定位环松动，会使接触线的拉出值及定位器的定位坡度改变，尤其是在曲线地段，拉出值可能超出受电弓的有效工作范围，引起受电弓“升天”而钻弓，造成严重的弓网事故，破坏接触网设备。

(3)定位器脱落后一方面会因接触线高度和拉出值的变化引起弓网故障，另一方面若定位器脱落后未落地，不仅会造成刮弓，而且也会引起接触网对列车放电、受电弓碰击定位器打坏受电弓及列车上的绝缘子等。

2. 原因分析

(1)定位器连接部位磨断或扭断而脱落。

(2)紧固螺栓松动、定位线夹断裂造成定位器脱落。

(3)棒式绝缘子闪络或绝缘击穿，短路电流将定位线夹或定位器、定位环某部位烧毁造成脱落。

(4)腐蚀严重造成脱落，主要是重污染(如化学腐蚀)、潮湿地段或地带，使定位装置和定位线夹等部件锈蚀，且未及时进行处理，某处开断或松动造成脱落。

(5)运行中的受电弓状态不良将定位器刮伤或刮掉。

(6)定位环紧固螺栓松动，造成定位装置的定位器坡度太小或无坡度、定位线夹安装歪斜、定位管低头严重等情况所造成。

(7)定位偏移量过大或偏移方向错误，当气温急剧变化时，将引起接触网部分技术参数发生大的变化而造成弓网故障或造成定位线夹拉脱等。

(8)定位线夹有裂纹缺陷,运行中受振或其他力作用,裂纹开断造成定位脱落。

(9)反定位管的斜吊索本体或斜吊索与定位管、承力索固定处开断,使定位管拉偏或搭落接触线上,引起打弓造成定位脱落。

3. 整治措施

(1)办理好停电及线路封锁手续、接挂地线和做好行车防护后,开始抢修作业。

(2)利用车梯作业时,将车梯推至事故地点,上网操作人员检查定位装置损坏情况,接触线有无刮伤,吊弦有无脱落等,并作处理。

(3)拆除损坏的定位器、定位环等零部件,更换好新的定位环、定位器等。

(4)用大绳沿接触线拉出方向拉紧,校正好接触线面,然后依据定位器偏移方向及偏移量通过定位线夹将定位器固定在接触线上,螺栓应拧紧。

(5)调整接触线拉出值,使之符合技术要求后,固定好定位管上的定位环。

(6)按要求调整定位器坡度,确保无"硬点"形成和无刮弓危险。

(7)检查接触网其他设备状况,如有损坏,视其具体情况作相应的处理。

(8)清理作业现场,恢复接触网送电通车。

六、锚段关节故障

1. 故障概况

锚段关节处接触网常见的事故是刮弓。一旦发生刮弓,将会造成锚段关节处接触网设备的损坏,而且同时造成两相邻锚段接触网设备不同程度和范围的损坏,后果严重,波及范围大。此外,锚段关节区域相邻两锚段的接触悬挂是交叉重叠的,并且两组悬挂在不同位置处相对高差和水平间距都有严格的要求,还设有张力补偿装置,一旦损坏,其恢复的工作量及难度都很大。更由于中断供电时间长，会对轨道交通的运营造成严重影响。

2. 原因分析

(1)绝缘锚段关节内工作支与非工作支间距不符合规定，一端停电并接地后两组悬挂间短路放电烧坏部件。或者在转换柱处非工作支接触线抬高不够，受电弓打击电分段绝缘子串后，一是直接造成锚段关节处刮弓；二是虽未直接造成锚段关节处刮弓，但被损伤的受电弓继续运行，在其他处所造成弓网故障。

(2)由于等高区段两接触线不等高或转换柱处非工作支接触线抬高不够，引起钻弓、刮弓。

(3)绝缘锚段关节中，虽然两接触线的水平距离满足技术要求，但两接触线或承力索上所安装的部件间的距离小于规定要求，一端停电接地后两部件空气间隙不够，放电烧坏部件造成刮弓。

(4)电连接器状态不良、线夹脱落、电连接线烧断等引发弓网事故。

(5)补偿坠砣落地或卡在限制架上，气温升高后补偿器不起作用，非工作支弛度变大，使受电弓通过时钻弓引起刮弓或打击电分段绝缘子串及其他部件引起刮弓。

(6)其他相邻跨距发生刮弓后，受电弓继续行进到锚段关节处造成锚段关节损坏。

(7)接触线的拉出值或跨中接触线对机车受电弓的偏移值不符合规定，造成运行受电弓脱弓。

(8)定位器坡度小或坡度大，受电弓通过时打掉此定位后引起刮弓。

(9)接触线面严重不正，致使定位线夹歪斜或定位线夹安装歪斜被受电弓打掉造成定位脱落后刮弓。

(10)吊弦受力状态不良或电连接器状态不良并且松弛到接触线下部，或吊弦、电连接器脱落，引发刮弓。

(11)列车受电弓状态不良(如滑板碳条开裂，支架有断裂致使滑板底座失去平衡等)或机车乘务员升、降弓操作方法不当等造成弓网事故。

(12)其他原因,如接触线或承力索断线,棒式绝缘子击穿、折断,支柱折断等引起塌网后造成刮弓。

3. 整治措施

在进行锚段关节刮弓故障抢修时,常用的办法有临时供电或完全恢复等,需根据情况灵活运用。

(1)锚段关节处刮落定位、吊弦时的抢修操作过程:

①检查下锚处补偿装置,根据损坏情况及作业要求进行处理。

②若锚段关节处相邻两锚段内仍有不同程度损坏时,视实际情况进行处理。如果没有断线情况,则在将接触线严重损伤部分处理完毕,并在安装临时吊弦后根据情况对相邻两锚段进行调整,其后进行锚段关节处的安装、更换及调整作业。如果有断线情况,则先做断线接头并处理损伤严重处的接触线,然后根据情况安装临时吊弦。以上作业完毕后,再根据情况进行其他作业。

③如果锚段关节内接触线损伤严重需处理,则视情况进行电气补强或切断重新做接头。

④如果绝缘锚段关节内某转换支柱处的绝缘腕臂损坏严重急需更换,则拆卸后安装新预制的腕臂。

⑤调整锚段关节,调整的原则是能保证受电弓顺利的滑行通过和取流,其方法与检修锚段关节时相似。

⑥如果锚段关节内电连接器损坏,则按要求安装新电连接器。

⑦进行锚段关节处相邻两锚段的安装、调整及其他作业。

⑧测量作业范围内各定位点的接触线导高、拉出值及跨中接触线对受电弓的偏移值,调整有关零部件,使之符合规定。

⑨检查定位器坡度、沿线路方向的偏移值,调整有关零件,使之符合规定。

⑩清理作业现场,确认符合通车条件则结束作业。

(2)锚段关节处非工作支或工作支接触线断线,并造成锚柱处下锚支(即断线支)绝缘子串(或绝缘棒)损坏情况的处理操作过程:

①连接断开的接触线。

②检查补偿装置状态，如果有损坏，则视情况进行更换或重新安装。

③拆卸并更换损坏的断线下锚支分段绝缘子串（或绝缘棒），其方法与正常更换绝缘子相同。

④调整补偿器的 a、b 值，使其符合要求。

⑤其他作业与上述锚段关节处刮落定位、吊弦时的处理基本相同。

七、补偿装置故障

1. 故障概况

补偿装置常见的故障有补偿绳断股和断线、补偿卡滞、断线制动装置失效等，如图 3—7 和图 3—8 所示。

图 3—7　棘轮卡块顶死

图 3—8　补偿绳脱槽

补偿装置故障可能引起以下后果：

(1)补偿绳断股后，可能影响补偿绳随温度变化在滑轮中的伸缩移动，或造成补偿器卡滞现象；断股头由于某种原因形成较长距离散股后，散股部分可能与接触悬挂或其他带电部位形成短路，扩大事故范围；补偿绳断股若未及时发现并处理，会造成补偿绳拉断线。

(2)补偿绳断线后，一是直接造成补偿装置损坏，同时若制动装置动作情况不良，会摔损坠砣块；二是下锚补偿支接触悬挂由于失去锚固力及补偿力，会使接触线弛度、高度发生急剧变化，可能引起刮弓事故；三是补偿绳断线后，由于坠砣力、被补偿线索的拉力及补偿绳自身张力等原因，使断头部分做无规则的飞出运动，断头部分可能会与接触悬挂或其他带电设备碰撞、搭接，形成金属性短路，从而扩大设备损坏范围和程度；四是对承力索和接触线并联下锚补偿的接触悬挂，补偿绳断线后，下锚跨的接触悬挂会坠落到地上，造成接触网停电和严重的弓网事故，或接触悬挂严重松弛，引起弓网事故；五是损坏锚段关节及相邻两锚段的接触悬挂。

(3)补偿卡滞(或不灵活)会使接触悬挂得不到应有的补偿效果，当温度下降特别是急骤下降时，有可能拉断接触线或承力索；当温度升高时，接触线或承力索的弛度变大，弓网关系变坏，也有可能引起弓网事故。

(4)断线制动装置失效的后果是，当发生断线故障时，不能阻止坠砣下坠，使事故扩大。

2. 原因分析

(1)补偿绳腐蚀严重被拉断股或拉断线。某些股数在安装时或运行中损伤严重被拉断股。

(2)补偿绳与支柱或其他部件长时间碰撞摩擦造成断股；补偿滑轮转动不灵活或其他原因，使补偿绳在滑轮槽内作长时间的摩擦式移动，造成补偿绳磨断股。

(3)由于坠砣限制架安装歪斜或其他原因，使补偿坠砣被卡滞住，活动不灵活。当温度骤降时，被补偿的线索及补偿绳出现较大幅度缩短情况，从而使补偿绳承受较大的张力，造成拉断股或断线。

(4)补偿绳断线一般是逐步形成的过程，主要是发生断股后未被及时发现并作处理，进而造成拉断线。

3. 整治措施

补偿装置处的各种故障，如果未及时发现和处理，最终都可能发展成补偿绳断线事故。

(1)依据供电调度准许作业命令，挂接好地线后方可开始作业。

(2)拆卸断线的补偿绳、损坏的补偿滑轮及其他零部件,取下坠砣块和修复因断线造成损坏的坠砣限制架。

(3)拆卸损坏的下锚绝缘子(或绝缘棒),并检查锚柱至转换柱之间所断接触线(或承力索)的损坏情况,如果有损伤部位,则需切断一定长度的线索后,用一段同切断部分长度相符的新线与原线索进行接头连接,并在新线的另一端头安装终端锚固线夹(或终端接头线夹)。

(4)更换补偿绳并预制补偿,将预制好的补偿起吊并安装在锚柱上。

(5)在坠砣杆上码放好坠砣块,然后用链条葫芦将其吊起,并用铁线将其临时绑在锚柱上。将补偿绳与坠砣杆连接端的双耳楔形线夹用销钉连接在坠砣杆上,补偿动滑轮与杵环杆和悬式绝缘子串进行连接。

(6)在距需要锚固线索端头适当位置安装楔形紧线器或导线紧线器,并在紧线器的套子上固定连接一个紧线滑轮。

(7)在锚柱上合适位置分别挂两个单滑轮,在锚柱下部用钢丝套子将两个手扳葫芦分别连接并固定。将一手扳葫芦牵引绳通过柱上滑轮与锚固线索上的紧线器尾部套子连接,操动手扳葫芦先将锚固线索大致拉紧,再将另一手扳葫芦牵引绳通过柱上另一滑轮、紧线器套子上的紧线滑轮与补偿动滑轮相连,构成紧线滑轮组,之后操动手扳葫芦紧线。

(8)利用作业车进行抢修作业时,在需要锚固线索上装好紧线器,并利用手扳葫芦先将锚固线索大致拉紧后,作业平台上人员用链条葫芦将紧线器尾部套子与补偿动滑轮直接相连,再操动链条葫芦紧线。

(9)紧线至线索松紧合适且便于与下锚绝缘子串连接后,停止紧线,将终端锚固线夹(或终端接头线夹)与下锚绝缘子串连接固定好。

(10)慢慢放松手扳葫芦,确认连接状态良好并安全可靠后,撤除所有紧线工具,并将补偿坠砣临时吊线拆除。

(11)调整好坠砣限界架及断线制动装置。

(12)调整锚段关节,更换损坏的接触悬挂部件和支持装置部件。

(13)调整被波及锚段的接触悬挂,根据情况(损坏情况及抢修时间)更换损坏的零部件。

(14)检查锚段关节各技术参数和波及锚段的接触线高度、拉出值、跨中接触线对受电弓偏移值、电连接器状态、定位器坡度和沿线路方向偏移值等。

(15)清理作业现场,确认符合供电行车条件后结束作业。

八、线岔故障

1. 故障概况

线岔处接触网常见的故障有钻弓、刮弓,进而引发弓网事故。线岔处发生弓网故障可能造成以下后果:

(1)若为单开道岔处的线岔发生钻弓,一般会造成一支正线、一支侧线两股道上空接触网设备较大范围严重损坏,如造成接触线损伤或断线、支柱定位和吊弦损坏或脱落、腕臂及绝缘子损坏、支柱被拉斜或拉断、锚段关节损坏等。

(2)若为菱形道岔(或复式交分道岔)处的线岔发生钻弓,造成设备损坏程度更加严重,波及范围更大,可能造成许多股道或整个车站、车辆段和部分区间接触网设备不同程度损坏。使其恢复的技术程度复杂,所需的作业人员、机具、材料、时间更多。

(3)刮弓在造成接触网损坏的同时也会造成电力机车受电弓的损坏。

2. 原因分析

(1)线岔处两支接触线交叉点位置不符合要求,导致在线岔处钻弓、刮弓事故。

(2)简单悬挂与链形悬挂交叉形成的线岔处,由于两种悬挂的弛度(简单悬挂的弛度受温度影响较明显,弛度变化大)、弹性不一致,受电弓通过时,容易造成弓网事故。

(3)在两接触线水平间距500 mm处,两支接触线的相对高差不符合要求,导致在线岔处钻弓、刮弓。

(4)线岔限制管安装位置不符合要求,当其因温度(特别是在极限温度情况下)变化发生位移时,连同上支接触线一起位移,从而造成两支接触线交叉点偏出所要求的交叉点位置,在线岔处引起钻弓、刮弓。

(5)安装调整时,限制管与上支接触线间没有间隙形成卡滞,温度变化时接触线不能自由伸缩,造成交叉点拉偏。

(6)固定限制管的零件、螺栓松动脱落或损坏,造成限制管虚固定或脱落,引发弓网事故。

(7)线岔附近定位装置故障或线岔处电连接器状态不良(如松弛或线夹歪斜)造成与受电弓碰撞、刮弓,进而刮坏线岔。

(8)其他处所发生刮弓,受电弓继续运行刮坏线岔。

3. 整治措施

线岔处刮弓故障,多数属于大型的弓网故障,其故障波及范围大,接触网的损坏程度比较严重,处理起来比较复杂、难度也大。

(1)抢修人员上网后,先检查接触线的损伤情况,若发现接触线损伤截面大于30 mm^2 时,应切断后制作接头。制作接头时,应判断接头位置是否对装设限制管或上支接触线在限制管内的活动有影响。当有影响时,则将需作接头的接触线切断一合适的长度,然后用一段同切断长度相等的新接触线在两断头间进行接续连接。

(2)更换道岔定位柱及两侧定位处损坏的定位环和定位器,其型号、规格应与原型号、规格相同,并按要求调整拉出值。

(3)拆除损坏的限制管、吊弦、电连接等。

(4)测量两接触线交叉点垂直投影位置,若不符合要求,通过调整两侧相邻悬挂定位点拉出值使之符合标准。调整时应尽量不改变正线拉出值。

(5)按要求安装与拆卸型号相同的线岔。

(6)安装吊弦及电连接,调整吊弦长度使两接触线在水平间距

500 mm 处，符合两支接触线“等高”或“抬高”的要求。

(7)检查整个事故区域内接触网的状况，确认具备送电通车的条件后，结束作业。

九、分段绝缘器故障

1. 故障概况

分段绝缘器故障有绝缘元件的老化、放电击穿，接头线夹或支架、导流板、导流框架的损坏，整体损坏或连接、固定部位开断，接头线夹处接触线断线，进而引起弓网故障。分段绝缘器故障可能造成以下后果：

(1)若分段绝缘器的绝缘元件因某种原因闪络击穿未及时发现，可能造成相邻两个供电分区间的绝缘下降，在进行分区停电作业情况下，会造成人身伤害(如在无电区段进行作业时，人员不知无电区实际上有电，误登误入被电击)。

(2)分段绝缘器失去水平或某种状态不良、破损、弯曲等会造成接触网刮弓事故。

(3)分段绝缘器与接触线的接头处或其他部位严重磨耗被拉断后造成塌网，从而扩大事故范围。

2. 原因分析

(1)分段绝缘器主绝缘(环氧树脂或硅橡胶材料)老化开裂和沟槽被污染等原因造成绝缘部分泄露与距离不够而闪络击穿。

(2)安装调试不良，如导流板不在一个平面、分段绝缘器其底面与轨面不平行等，被运行受电弓打伤或打坏导滑板和主绝缘。

(3)部分零件腐蚀或磨损失修被拉断，如吊索或吊弦松动、固定线夹松动及导滑板严重磨损等。

(4)分段绝缘器与接触线的接头线夹处连接状态不良形成严重“硬点”，导致接头处接触线磨耗严重，进而被拉断。分段绝缘器的安装高度不符合要求，易引起弓网故障，损坏分段绝缘器。

(5)电力机车受电弓的状态不良，刮伤分段绝缘器。

(6)分段绝缘器处隔离开关主闸刀在打开位置,接地闸刀在闭合位置,电动车组进入无电区,将无电区与有电区瞬间接通,造成接触网短路接地,短路电流通过分段绝缘器流经隔离开关接地闸刀,将分段绝缘器烧毁。

3. 整治措施

分段绝缘器损坏的部位(部件)及损坏的程度不同,其处理方法不同。下面介绍分段绝缘器主绝缘损坏的处理方法及操作过程。

(1)依据供电调度准许作业命令,验电接地并按规定设置行车防护后开始作业。

(2)作业车梯上线路,抢修人员登上车梯并系好安全带。

(3)在分段绝缘器两侧适当位置接触线上各装一个导线紧线器,并在紧线器前方约100 mm位置安装一个吊弦线夹,以防紧线时紧线器打滑。在两导线紧线器间连接好链条葫芦(或手扳葫芦),操作链条葫芦(或手扳葫芦)紧线至紧线器间接触线略有松弛程度时停止。

(4)确认紧线工具受力良好、无异常时,拆卸损坏的绝缘件,更换新的绝缘件。

(5)新绝缘件安装完毕,略松一下链条葫芦使绝缘件受力,紧固各部螺栓。检查分段绝缘器接头过渡是否平滑,必要时可用锉刀进行打磨处理。

(6)拆除紧线工具,并再次用扭矩扳手紧固分段绝缘器与接触线联结螺栓,使之符合规定的力矩。

(7)调整分段绝缘器处吊弦,使绝缘器底面与轨面平行,并且分段绝缘器两端接触线高度符合要求。

(8)确认设备恢复正常的技术状态后,销令并结束作业。

十、结构尺寸方面故障

1. 故障概况

结构尺寸方面故障有接触网参数变化,接触网线索、零部件脱落,接触网零部件变形、脱落。

2. 原因分析

(1)接触网部件变形或零部件脱落:由于接触网部件结构问题、长期运用过程中振动疲劳或施工原因,结构带病投入使用,造成部件变形或脱落。

(2)接触网结构不合理:由于施工或设计原因,接触网个别处所在结构上存在问题,当温度变化时由于接触悬挂的热胀冷缩致使相应的线索弛度发生变化,当线索弛度过大时在动态情况下也易形成弓网故障。

(3)接触网零部件本体和安装形式不合理:如在接触悬挂上安装的各种标示牌,由于其面积较大,且用简易铁线固定,极易在风力作用下脱落,当位于受电弓范围内时即形成弓网故障。

(4)产品质量问题:由于接触网产品质量不合格,使零件在长期动态工作过程中疲劳损坏,或在外界力量的冲击下发生变形,进而使接触网参数或结构发生变化,形成弓网故障。

(5)自然灾害:由于接触网露天设置,受自然环境影响较大(如雨、雪、风等恶劣天气条件下造成的塌方导致支柱倾斜,接触网参数变形等);同时由于设置位置限制还会由于外界动力机械的撞击造成接触网支柱及接触悬挂参数的变化等。

3. 整治措施

(1)严格按照测量、巡视周期对接触网进行监测,掌握设备技术状态,发现问题及时处理。对测量后参数要进行综合分析,以发现和解决缺陷。

(2)加强对接触网各部螺栓、螺母、防松垫片等的平推、检查。

(3)对不能适应列车运行条件的接触网部件和处所进行改造,如高速动车组运行区段的分段、分相和抬高受限处所,对容易脱落打弓的部件如“邻线有电牌”进行更换。

(4)严格按照温度曲线安装、调整设备,保证设备不致因温度变化产生卡滞、过紧、过松而使接触网参数发生变化。

(5)加强设备抵抗自然灾害的能力。

十一、绝缘方面故障

1. 故障概况

绝缘方面故障及后果有绝缘子闪络放电乃至击穿，接触网带电部分对接地体放电，分段、分相等绝缘部件放电击穿，因外界物体变化造成接触网对地放电，如图 3－9 所示。

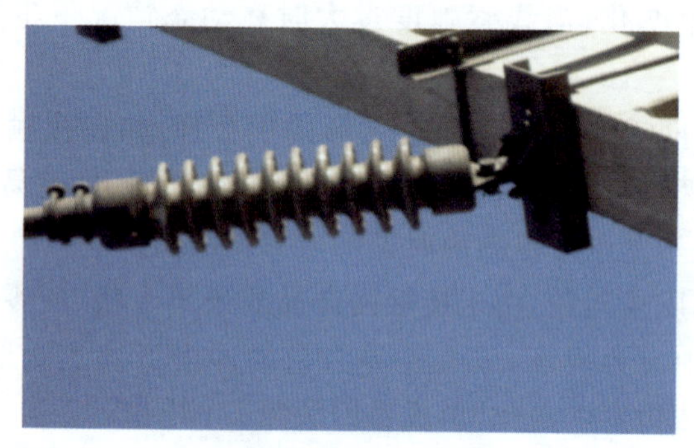

图 3－9　绝缘子击穿

2. 原因分析

(1)绝缘子脏污，主要表现为清扫周期过长、周围环境污染严重，使绝缘子表面覆盖了较多的导电介质而放电击穿。

(2)绝缘子的绝缘强度或材质不能适应周围环境，主要表现为绝缘子由于周围污染介质的特殊性如化工污染等，使其在不太脏污的情况下也发生了放电击穿故障。

(3)分段、分相绝缘棒由于与炭材质的受电弓频繁摩擦接触，使其接触表面覆盖了一层碳粉，受天窗点限制不能及时清扫，使电弧沿其表面发生击穿故障。

(4)接触网带电部分受温度变化使其空间几何位置发生变化，当对接地体的距离变小并小于安全距离时即发生对地放电故障。

(5)铁路旁边的建筑物、树木等受自然灾害影响而使其状态发生变化，当其对接触网(含供电线)的距离小于安全距离时，接触网也被动发生放电跳闸故障。另外融冰、鸟类打窝用的导电体及动物本体也会在特定情况下引发短路放电故障。

3. 整治措施

(1)加强绝缘的清扫工作，对部分污染严重的区段人为缩短清扫周期。

(2)对环境恶劣区段更换为抗污性能强的硅橡胶绝缘子。

(3)对分段、分相等特殊区段绝缘体逐步推广带电清扫模式。

(4)对接触网线索的调整要考虑其温度变化的影响，保证在温度变化时带电部分距接地体保持足够的安全距离。

(5)对铁路附近可能危机接触网供电安全的危树、建筑物及时联系处理，保证其在恶劣天气下状态发生变化时对接触网能保证足够的安全距离。

(6)加强对上跨建筑物上积雪的清扫工作和钢柱、横梁上鸟巢的清理工作，防患于未然。

十二、接触网烧伤

(一)主导电回路不畅引起烧伤

1. 故障概况

接触网主导电回路是由馈电线、隔离开关、开关引线、接触线、电连接器等组成。

日常运营中，由于安装不牢固、检修工艺不当等原因使电气连接处接触不良、电阻增大、主导电回路导流不畅，引起连接处发热，机械强度下降，两导电面接触压力减小导致发热愈加严重，形成恶性循环，最后使线夹与线索连接松动、变形甚至熔化，如图 3－10 所示。当主供电回路不闭合、主导电通道迂回，牵引电流就要分流，使不具备导流能力的一些零部件过流烧伤、烧断。

2. 原因分析

(1)电连接线夹与连接线接触不良，接触导流部分长时间过热，导致电连接线烧熔断股、断线或线夹烧熔、烧损，进而造成其他相关部件烧损、烧断线索事故。

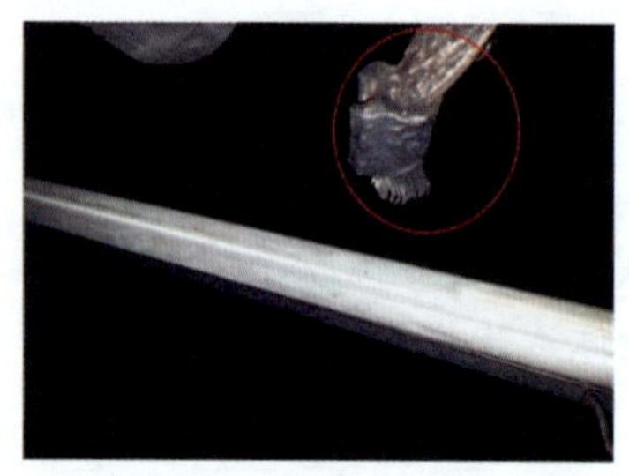
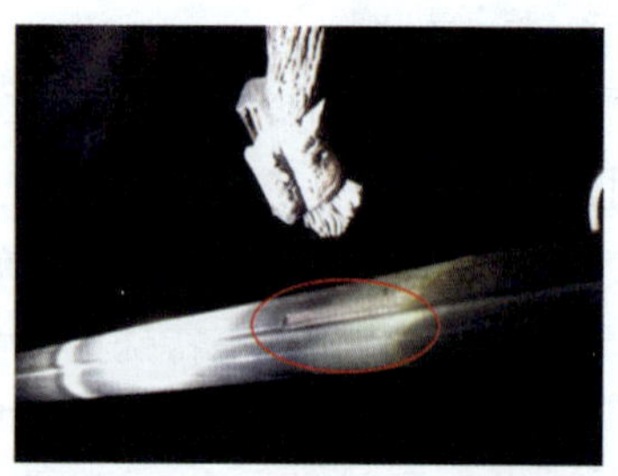

图 3—10 脱开的电连接线夹

(2)电连接线夹与接触线、承力索接触不良，长时间过热，导致接触线烧熔、断线或承力索断股、断线，造成接触网其他零部件(如吊弦，定位装置)等烧损。

(3)隔离开关引线与接触网或设备线夹等接触不良，造成承力索、接触线烧伤断线或隔离开关引线及线夹烧损。

(4)隔离开关失修，触头接触不良，大电流通过使动静触头渐渐烧损而没有及时发现，最后导致触头全部烧损。

(5)接触线接头导电情况不良，造成接头烧伤、烧损。

(6)馈线处、加强处电连接器及接头接触不良，造成馈线、加强线烧断股、断线。

(7)接地线损坏或丢失，短路电流不能顺利接地经钢轨流回牵引变电所，短路电流不足以使馈线开关跳闸，可能造成隧道埋入杆件、支柱烧损。

(8)吸流变压器引线的线夹与线索接触不良，造成引线和线索、线夹烧断股、断线或烧伤。

(9)设计或施工原因构成非正常电流回路，致使某些不应有电流通过的地方通过了部分或全部牵引电流，造成线索或零部件烧损。

(10)设计中采用的线索允许持续载流量偏小而承受不了大电流的长期运行，发生了电气烧伤。

(11)电气连接部分因连接不良或长时间运行松动等原因引起电、化学腐蚀,造成主导电回路的截面(或当量截面积)不足,电气连接阻抗加大,从而导流不畅,烧伤接触网设备。

(12)站场中的接触网结构比较复杂,在进行电气连接时出现主导电回路不闭合、主导电通道迂回,引起分流严重而烧伤接触网零部件。

(13)设计的接触网结构中某些不应有电流通过的地方,通过了全部或部分牵引电流,由于没有保证牵引电流(或其分流)通过的必要的电气连接,烧伤了接触网设备。

(14)在接触网中,电气连接数量越多、性能越好,零部件的分流就越小,但是电气连接数量再多、性能再好,也不可能把其他零部件的分流减为零。有分流就会产生电气烧伤,尤其是对活动部位的危害性较大。

(二)接触网短路引发烧伤

1. 故障概况

变电所馈线跳闸绝大多数都是由接触网短路引起的。

2. 原因分析

(1)异物落在接触网上造成线索烧伤,如风筝、建筑垃圾、树枝、附近彩钢瓦等受恶劣天气影响,刮到接触网上造成短路,如图 3－11 所示。

(2)施工原因造成接触网烧伤。上跨桥施工临时电线电缆、工器具、材料等脱落造成短路;施工水泥浇筑漏浆、排水等造成短路。

(3)电力机车支持绝缘子、电压互感器等击穿或爆炸。电力机车内部故障以及误操作造成接触网对电力机车、大地短路,如图 3－12 所示。

(4)弓网故障造成接触网上某部件打坏或脱落,会造成接触网对机车车辆短路放电。

(5)上跨桥直接落水。隧道结冰、漏水以及遮导板脱落造成接触网对隧道拱顶或隧道壁放电。

图 3－11 鸟巢树枝短路斜腕臂棒瓷

图 3－12 烧伤的受电弓滑板

(6)货物列车装载不良直接短接接触网或刮起接触网地线搭网短路。列车货物超高到一定限度即对导线的距离小于规定值 350 mm 时，在运行中因振动等原因，引起接触线对列车货物之间放电，烧伤接触网设备；货物列车装载不良，绑绳刮起地线搭网构成短路。

(7)附加导线对地距离不够、接触网设备对地距离不够造成附加导线、接触网设备对地放电以及附加导线（正馈线）跨越接触网放电。

(8)绝缘子等绝缘器件闪络或绝缘子、分段绝缘器、避雷器等击穿造成接触网对地短路放电或死接地。

(9)误送电、误停电、电力机车误闯无电区，造成接触网死接地，烧伤接触网。

(10)树木侵限、鸟兽、鸟巢或自然灾害等造成接触网短路接地。

(三)其他原因导致接触网烧伤

1. 故障概况

由于接触网设计、施工、运营等原因，导致接触网烧伤。

2. 原因分析

(1)接触网设计时远期考虑不足，接触网线径预留不足。由于运能的大幅提升，大功率电力机车密集开行，线索满负荷运行，不堪重负,进而频繁引发接触网设备的电气烧伤。

(2)在接触网施工时未能严格执行有关标准,导致不同电位线索间电气安全距离不足,未加装电连接线,导致线索间放电灼伤。

(3)对电气连接缺乏行之有效的检测方法和手段,在具体检修中多是做些外观检查,容易造成对故障隐患的疏漏。

(6)接触网供电检修部门存在对涂油的认识误区。为防止设备检修质量验收时扣分,接触网检修人员在平时检修时对接触网设备抹涂大量的黄油,致使设备内部电气烧伤缺陷不能及时地被发现。

(四)整治措施

1. 设计部门对烧伤事故的预防

(1)设计部门应认真执行《铁路电力牵引供电设计规范》(TB 10009),合理布置接触网结构,精心选择接触网主导电回路设备和零件,保证设计运量要求,充分考虑铁路重载、高速的发展方向,留有足够的储备空间。

(2)大修设计要充分听取运营部门的意见,认真开展修前设备调查和技术鉴定,制订切实可行的大修技术条件,使大修后的设备能完全适应铁路发展的需求。

(3)在既有线改造设计中对载流量偏小的线索应及时进行技术改造。

2. 施工部门对烧伤事故的预防

(1)接触网施工单位应认真执行《铁路电力、电力牵引供电施工安全技术规程》(TB 10308),按照批准的施工图设计文件精心施工。如确需变更应按相关管理办法,采用的设备和零部件应符合现行的国家标准、行业标准或企业标准的规定,并有合格证件,严把设备质量关。

(2)接触网施工单位应建立健全施工技术管理制度,实行全面质量管理,执行工艺操作规程,认真编制实施性施工组织设计,做好工程质量检验工作。

(3)在接触网上采用串联电容补偿装置以改善牵引网的电压水平;同时优化运输组织,避免大坡道区段有两台及以上重载列车在同一条供电臂上运行,以减小牵引电流。

(4)设计施工时采用面面接触的设备线夹;在安装设备线夹、电连接线夹时,先清除线夹内杂物并涂导电膏。

(5)安装电连接器时,电连接线夹的大小槽要安装正确;不要将绑扎线(防止电连接线散股)夹到线夹内;电连接线应全部夹入线夹槽内。

(6)馈线上网多支悬挂处改单支上网为多支同时上网;在四跨锚段关节的主电连接器处、馈线上网处、跳线连接处等地方装设双线夹,以加强电流转换。

(7)引线与所跨越的承力索间要保持300 mm及以上的距离,对于已存在立体交叉而间距不够的线索要加装绝缘套管;施工时,若绝缘锚段关节为同向下锚,隔离开关应安装在两接触悬挂不交叉的转换柱上,以避免隔离开关引线与承力索立体交叉。

3. 运营部门对烧伤事故的预防

(1)定期对接触网设备进行巡检,清理接触网设备运行外部环境。将测温贴片贴在锚段关节、电连接器等有关部位,利用其色彩随温升而变化的特性来监测电气连接的性能和状态;加强夜间巡视工作,以便及时发现电气烧伤问题;对铁路周边距接触网过近的侵限树木、草藤等及时进行砍伐;对接触网支柱上的鸟巢及时进行清除;对加固隧道拱顶的导水管、遮导板(遮引隧道漏水)、吊柱随时检查,以防脱落;对跨接触网的供电线以及地方架设的电力线路经常性地检查整治,防止脱落造成短路或弛度随温度变化改变造成放电拉弧短路。

(2)尽可能地增强主导电回路的通道,使横向电连接器的间距减至100 m,隔离开关、吸流变压器等引线安装为双引线;可在一些影响主导电回路过流的瓶颈区段和薄弱地方加装电连接线。

(3)缩短电连接器的检修周期,同时优化检修计划,对电连接线夹进行打开检查(如每隔3年),打磨氧化层、涂导电膏。电连接线夹内部的烧伤很难发现,可定期对馈线上网点、GK隔离开关触头、锚段关节处的电连接线夹等进行解体检查。对松动的螺栓进行紧固;导电面氧化的进行除垢、打磨、涂导电膏;联结零件内部烧伤严重的及时进行更换,保证各部电气联结部件经常处于良好状态。

(4)对上跨桥、上跨接触网的施工,定期进行巡视检查。对上跨桥上的附属物和临时施工电线电缆等定期巡视;要同产权单位建立联系,签订安全协议,建立联系方式,并在这些地方设立警示牌。上跨接触网的施工,供电部门要细化安全监督防护措施,定人、定次、定量、定时、留有记录强化巡视检查,危险施工段派人现场盯守,确保施工在受控状态下。

十三、接触网设备电气烧伤

1. 故障概况

在牵引供电中接触网设备的故障种类较多,其中电气烧伤因其事前难以发现而又危害较大,已越来越引起运营检修部门的重视。

2. 原因分析

接触网设备在向运行中的电力机车输送电能的过程中,任何错误接线都将引起主导电回路中某一处截面减少、阻抗加大,使主导电回路导流不畅,局部温度过高而烧损接触网中某一点造成事故。主导电回路中电气连接部分的连接不良或因长时间运行松动、气候变化、电流通过等所造成的电或化学腐蚀也能使电气连接阻抗加大、主导电回路导流不畅,引发主导电回路故障。

设计中不起导电作用的承力索、吊弦等部件和主导电回路之间的连接及其相互之间的连接不具备导通牵引电流的能力,但由于在结构上和主导电回路同样处于带电部分,当主导电回路工作不良时,就很可能出现分流过大超出其允许限度,引发接触网烧伤事故。

3. 整治措施

接触网电气烧伤大多发生在供电臂始端、供电线上网点、开关吸流变压器等设备线夹连接处，分段或分相绝缘器两端悬挂部件及车站咽喉区机车取流大等区段，必须在安装施工和检修整治中落实一些关键部位的重点卡控和防治措施。

(1)线岔、锚段关节等处的电连接线是必不可少的，线岔电连接线起到了保证线岔处两支接触悬挂电流从电连接线导通的作用。

(2)跨线桥下承力索绝缘时，其两端应加电连接线。

(3)在同一软横跨上并列安装 2 套接触悬挂(相互间不绝缘)时，也要设置股道电连接线。

(4)现行非载流承力索区段电连接线安装方法有待改进，现行非载流承力索区段电连接线安装中，较多地采用了图 3－13(a)所示的连接方式，接触网设备运行中就可能会多次发生因线夹 3 连接不好(或长期运行线夹内氧化等)出现线夹 1 与线夹 2 间承力索断股甚至断开现象，电连接可按图 3－13(b)所示方式进行连接。如果电连接线与被搭接线材质不同则必须采用异种金属过渡连接线夹。

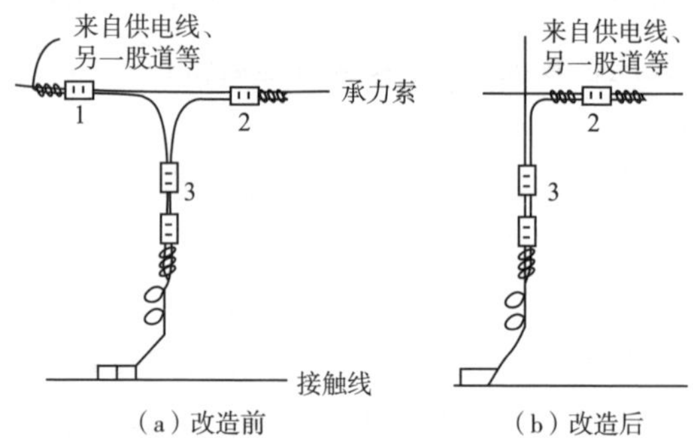

图 3－13 电气连接的两种安装形式

(5)为防止接触网设备电气烧伤要注意加装等电位线。

(6)绝缘锚段关节同向下锚处，隔离开关应安装在两接触悬挂不交叉的转换柱上。

(7)两端属不同馈线供电的绝缘锚段关节、分段绝缘器等部位要采用耐电弧设备，日常养修中要加强检查。

十四、接触网“硬点”

（一）故障概况

“硬点”是接触悬挂弹性不均质状态的统称。接触悬挂在“硬点”处的弹性出现极小值，“硬点”是接触网的固有特征。列车运行时，弓网在“硬点”部位可能会出现有别于其他地方的升高或降低，弓网间的接触力、振动速度、振动加速度会出现有别于其他地方的变化，速度越高，变化越明显。

接触网“硬点”的危害主要分为机械伤害和电弧伤害两部分。

1. 机械伤害

由于电力机车受电弓在经过接触网“硬点”部位时会表现不正常升高（或降低），发生受电弓与接触线的碰撞，会导致接触导线和受电弓滑板的异常磨耗和撞击性损害，如果“硬点”出现在跨距两端的定位点、元件式分相或分段接头、电连接线夹处等位置甚至会出现撞弓、碰弓现象，也就是常说的“打弓”，就会对设备造成重大伤害。

2. 电弧伤害

接触网“硬点”处会造成受电弓离线情况，不仅会影响到牵引电机的正常取流，受电弓在27.5 kV高压下会造成火花或拉弧从而烧伤接触线和受电弓，甚至会出现接触导线烧断的情况，严重影响行车安全。

（二）产生原因

1. 设计原因

评价接触悬挂的重要指标之一就是弹性均匀，元件式分相、分段接头处，电连接线夹处，隔离开关、避雷器及上网的电连接质量较大且集中，造成弹性不均匀从而引起受电弓的接触力突变，造成较大冲击“硬点”。

2. 施工原因

施工过程中主要是在放线这一环节，没有采用恒张力放线而采用小张力放线施工,或者在放线过后每跨安装的临时吊弦过少并且在接触网安装调整中人员蹬踏接触线等造成接触导线张力不均匀产生“硬点”。

3. 检修原因

在日常接触网检修过程中,对于在分相或分段绝缘器与接触线连接处过渡不平滑、间隙过大而不及时处理,或者在定位点处对定位器调整而使抬升量不够都将造成“硬点”。

巡检过程中由于测量导高的方法不准确或测量工具误差过大,导致跨距内接触线坡度变化过大,当机车受电弓高速通过时,受电弓对接触线的跟随性降低,造成冲击力过大形成“硬点”。

检修过程中作业人员素质不高,不遵守接触网运行检修的有关规程,脚踏接触线进行作业,违章蛮干等人为因素,造成接触线平直度、线面扭曲等影响,也是产生接触线“硬点”的原因。

4. 材质原因

随着高速铁路的发展,对于接触线材质提出了更高要求,在选择定位器时,有些特型定位器太重,造成接触网质量集中使接触导线弹性不均匀造成“硬点”。

5. 线路质量原因

工务线路(特别是桥头处、隧道口处、路堑和路堤连接处、钢轨接头处、道床翻浆处、三角坑处)以及抬拨道引起接触网参数变化,线路晃车造成检测出“硬点”。

(三)整治措施

(1)加强定位处调整使其弹性良好,无集中载荷,无“硬点”,不影响受电弓高速通过。

(2)加强对检测车检测出的“硬点”数值大、数值突变、数据重叠性强、一跨内导线高差大于 150 mm 及新线(既有线)刚施工完的区段为重点的导高调整。

(3)在接触网架设过程中为保证导线平直和良好的弓网受流质

量，接触线必须实行恒张力架线。

(4)在日常检修工作中，除了针对检测车检测出的“硬点”外，还要注重因接触网维修工作而产生的接触悬挂中的某些质量集中点。可以采用调整原吊弦布置位置和适当增加吊弦的方法，改善接触网整体弹性性能，消除接触网“硬点”。对于坠砣处可以用手轻托观察是否有卡制现象。在检修分段(分相)绝缘器时可以采用水平尺滑动的方法检测导线连接处过渡是否平滑。

十五、接触网隔离开关故障

1. 故障概况

(1)隔离开关触头接触电阻过大，具体表现为机车取流时，触头接触部位发热，并引起网压波动，严重时会烧毁隔离开关(图 3—14)并造成供电臂停电，中断机车运行，影响铁路运输。

图 3—14　烧损的隔离开关

(2)隔离开关瓷柱脏污或破损，造成闪络、击穿，使接触网对地短路，造成变电所跳闸和部分接触网停电，使列车中断运行。

(3)隔离开关引线与设备线夹、网上电连接线夹连接接触不良，烧坏线夹或烧断引线；设备线夹与隔离开关接触不良，造成烧毁线夹或隔离开关触头；引线烧断后，断头或脱落部分落至接触线以下时，可能造成打坏受电弓或缠绕受电弓造成更加严重的弓网事故。

(4)隔离开关电动操作机构故障,开关电动操作时拒动或开合不到位,延误接触网送电。

(5)隔离开关远动故障,常见故障为隔离开关的遥信位不能上传给远方的调度中心,开关出现不定态;供电调度人员通过 SCADA 系统对开关进行远动操作时开关拒动。

2. 原因分析

(1)如果供电调度端显示接触网开关位置不对应或不定态,原因可能是接触网开关 RTU 终端故障或通信光电缆故障。

(2)开关因过压或过流保护动作跳闸引起电机电源失电,直流操作电机电源开关送不上,可能是整流桥有短路现象。

(3)如果远动不能操作,当地可以操作,检查牵引所或分区所接触网开关站 RTU 出口继电器是否有动作,如果出口无动作,应检查 RTU 与所内通信管理机通信和 RTU 遥控板工作是否正常。如有出口但操作机构箱接触器无动作,应检查终端 RTU 是否死机,重启后再进行操作。

3. 整治措施

(1)对于触头、引线和设备线夹烧损和瓷柱损坏、击穿的常闭隔离开关,可将开关两头引线拆除,使用与引线相同材质和规格的电连接线在设备线夹根部适当位置将两端引线短接,此电连接线起旁路隔离开关的作用,以达到尽快恢复接触网供电目的,并将隔离开关加锁,再利用天窗时间彻底修复。

(2)如果是牵引变电所的馈线隔离开关损坏,先将其引线拆卸,然后通过越区或并联方式对接触网进行供电,必要时列车降速运行。

(3)隔离开关在电动操作过程中出现故障,若触头之间开距较小,会拉弧放电,应迅速手动将开关拉开或合上,再利用天窗时间彻底修复。

(4)加强接触网隔离开关检修和巡视工作。

十六、接触网绝缘子污闪

（一）故障概况

污闪是指恶劣天气下引起绝缘子在正常工作电压下发生污秽闪络现象，能导致接触网大面积和长时间的停电故障，是目前电气化铁路频发性事故之一。

污闪多发生在秋末冬初和冬末初春季节。凌晨是污闪出现的高峰，因此时是雾形成的最好时间和降雪最多的时段，一般情况下当太阳出来后逆温层消失，雾也就散去了，所以中午出现污闪的情况极少。

（二）原因分析

1. 污闪机理

绝缘子表面积污（图 3－15）受潮后会导致绝缘性能下降，产生沿面气体放电现象（称为沿面放电），沿介质表面放电的蓝色火花紧贴着介质表面向前延伸，最后导致闪络发生。绝缘子闪络将引起变电所馈线断路器跳闸，中断供电。

图 3－15　绝缘子脏污

2. 影响因素

(1)绝缘子的泄漏距离是否足够。绝缘子爬距、结构与污闪电压密切相关,一般情况下,污闪电压随爬距的增大而增加。绝缘子的结构形式直接影响绝缘子的防污性能,合理的结构设计,其表面光滑,不易形成涡流,积污量较小,能提高污闪电压。

(2)绝缘子所处空间的污染程度及大气湿度。一是大气污染造成的绝缘子表面积污,脏污使本来较为光滑的表面变得粗糙,容易引起放电,脏污的成分如果是酸、碱性及金属性导电物质,就会缩短放电距离,更易引起放电。二是能使积聚污秽物质充分受潮的气象条件,在大雾、凝露、毛毛雨等气象条件下,污层中的电解质成分会充分溶于水中,在绝缘子表面形成导电通路,使绝缘强度大大降低,在正常运行电压下就能导致绝缘子污闪。造成接触网绝缘子闪络往往是绝缘子表面积污和空气潮湿两个因素联合作用的结果。

(三)整治措施

(1)合理选择外绝缘爬电比距(调爬),爬电比距越大,绝缘子污闪电压越高。在沿线重雾、污染严重及频繁发生污闪的区段合理提高绝缘子的爬电比距,是提高闪络电压的有效途径。调整爬电距离的方法有装设防爬裙或更换大爬距防污型绝缘子两种。

(2)加强绝缘子清扫力度。

(3)更换合成绝缘子或玻璃钢绝缘子,加装硅橡胶防污增爬裙。

(4)为使清扫工作合理及时,可开展盐密监测或大气质量指数监测(pH 试纸),以安排清扫工作。当绝缘子的盐密值与控制有较大裕度时,可延长清扫周期。

(5)合理设计。在保证经济合理、施工方便的条件下,线路尽可能直线前进,尽量排除和减少转角。尽可能准确全面地掌握线路沿线的环境资料,为划分污秽等级和计算泄露比距做准备,根据环境污秽等级计算泄露比距;根据线路沿线的污秽资料,对线路所在地区划分污秽等级。

十七、接触网跳闸

（一）故障概况

由于接触网是露天装置，其结构、零件等必然要受到各种自然条件变化的影响，加上电力机车受电弓沿接触线高速摩擦滑行，使接触网经常处在振动、摩擦、电热及构件本身物理变化影响之中，接触网技术状态极易发生变化。牵引供电跳闸是牵引供电设备运行状态不良的直接体现，由于设备故障或外界原因造成的跳闸，直接威胁着牵引供电设备的安全运行。

（二）原因分析

1. 外部环境方面

(1)车辆技术状态不良。

(2)货物装载加固不良。

(3)隧道拱顶遗留物脱落。

(4)接触网上有异物。

(5)高处坠落物砸伤接触网。

(6)飞禽短接机车绝缘子。

(7)跨越接触网电力线路断线。

(8)飞禽或异物引起空气击穿。

(9)雷击。

2. 供电部门方面

(1)棒式绝缘子折断或吊弦断裂。

(2)作业人员未按工艺检修。

(3)使用错误的补强检修工艺。

(4)分相绝缘器不平衡。

3. 机务部门方面

(1)车顶绝缘子脏污。

(2)机车受电弓存在隐患。

(三)整治措施

1. 整治外部环境

(1)把好车辆和装卸关。车辆部门要加强对车辆的检查,确保车辆技术状态良好,防止因车辆长大部件在运行当中发生翘起放电。车务部门把好货物装载关,严格按照装载加固方案装车,保证装载货物稳固,不侵限。临时停靠站的车站人员要加强巡视检查,及时发现货物窜移、翘起等隐患。

(2)做好安全宣传教育。深入开展安全宣传教育,扩大宣传范围,不留死角,重点对铁路附近放牧、行人较多区段的群众、机动车驾驶员进行安全通过道口行宣传教育。做好《铁路安全管理条例》的普法工作,确保保护区内无放风筝、放灯笼等事件的发生,行人不往接触网上扔铁丝等异物,农户不在铁路两边放牧,以防止异物挂碰接触网导致跳闸。

(3)隧道衬砌整治。供电和工务部门一起对隧道衬砌松动处所进行加固处理,防止隧道衬砌物脱落导致接触网跳闸。

(4)做好“三线”跨越的整治工作。对跨越接触网的电力线路要建档,严禁低压线路跨越高压线路。

已经跨越的电力、通信线路,改造为电缆或在接触网承力索加装绝缘保护套,以防止上跨电力、通信线路断线搭接在接触网上引起跳闸。

(5)做好雷电预防。对雷电发生频繁处所、长大隧道两端、分相绝缘器、接触网上网点等处所加装避雷装置,避免雷击导致接触网跳闸。

(6)安保措施到位。对上跨桥梁、隧道进出口等处承力索加装绝缘保护套,长度以每边不少于 10 m 为宜。保证飞禽鸟类在飞翔过程中不致发生翅膀短接绝缘间隙而造成空气击穿,引起接触网跳闸。

2. 供电内部加强管理

(1)加强接触网零部件的检测检查。严把零件的领料关、入库关、出库关和上网使用关，及时发现零件的隐患，杜绝不合格件、淘汰零件上网。充分发挥集团公司驻段验收室的作用，对上网零部件严格按照规定进行检验，从零部件源头上把好关。对吊弦线夹、电连接线夹、定位环线夹、调整螺栓、定位线夹等常用零部件从材质、扭矩等方面认真检验，确保合格零部件上网。

(2)加强接触网设备检测(修)工作。对接触网静态检测值超标处所及时调整，确保缺陷整改及时，确保设备状态随时处于安全运行值以内。对锚段关节、线岔等非支抬高数值处所采取在非支定位管上加装拉线或增设双吊弦等措施，做到双保险。有针对性地对分段、分相绝缘器污染区段绝缘子进行集中清扫，杜绝因绝缘子闪络击穿造成中断供电事故的发生。

(3)严格检修工艺。对于接触网零部件，尤其是终端锚固线夹、定位线夹、吊弦线夹、电连接线夹、接头线夹、定位环线夹等，要严格使用扭矩扳手按照额定紧固力矩紧固螺栓，防止用力过大紧裂线夹或力矩过小造成松脱。对承力索、导线采取补强措施时，确认附加导线入槽，补强线连接牢固，受力良好。设备管理单位要加大施工监管的力度，确保既有线施工安全。

(4)执行定期巡检制度。认真落实接触网步行、夜巡、乘车巡视制度，及时发现落石、掉块等防洪处所的隐患，及时处理悬挂、漂浮物、鸟巢，更换放电或闪络的绝缘子，砍伐临近接触网的危树等。

3. 加强机务等外部门管理

(1)及时检查机车状态。机车出入库作业做好机车受电弓状态的检测、检查，做好机车受电弓的弓压测量，定期清扫机车车顶绝缘子，确保机车状态良好。

(2)加强与相关单位的横向联系。认真落实机供、工供、辆供、车供联控等制度。对机车受电弓的状态定期进行弓网联合调查，对车顶上绝缘子定期进行专人擦拭，特别在雨、雪、雾不良天气时要利用机车入库整备，加强保洁，及时发现隐患。对工务抬、拨道施工积极进行配合，掌握第一手资料，做到超前防范。

第二节 设 备 故 障

一、接触网定位器脱落

1. 故障概况

接触网锚段关节处E型定位器(大刀定位器)本体从定位线夹脱出,侵入受电弓动态包络线,打坏两列动车组受电弓,定位器本体受击打脱落后,掉落在铁路线路上,如图3－16所示。

图3－16 被击打脱落的E型定位器

2. 原因分析

(1)该型定位线夹采用U形销连接,定位线夹、定位销钉及U形销间存在较大间隙。在定位器水平力较小条件下,受抬升力作用,定位线夹与定位销钉间会产生滑动及转动,U形销受到磨损及冲击,产生累计损伤,嵌位作用失效,定位器本体从定位线夹脱离,如图3－17和图3－18所示。

(2)脱落的定位器安装在接触网转换柱处,设计布置形式决定拉出值偏小,定位器水平基本不受力或受力小,容易处于自由振动状态。

(3)定位销钉与U形销表面硬度相差较大(U形卡销为紫铜材质,而定位销钉为不锈钢材质,两者材质不匹配),加工配合公差大,会加剧U形销的磨损及变形。

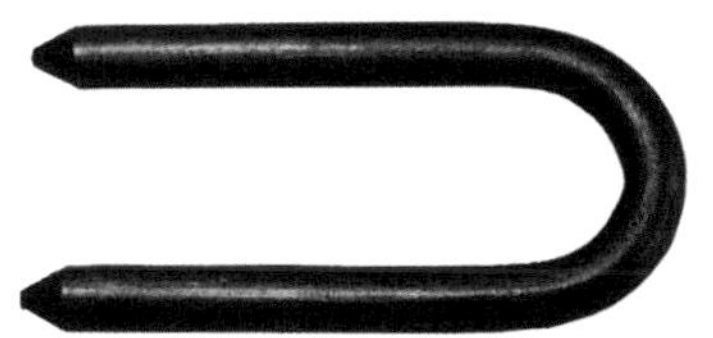

图 3－17　U 形销钉正常状态

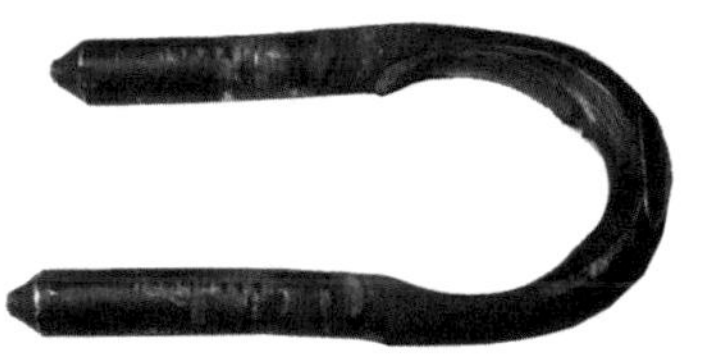

图 3－18　U 形销钉磨损状态

(4)发生故障的定位线夹，U 形销两侧磨损严重，弧形部分磨损轻微，说明 U 形销施工时安装不到位，U 形销与定位器销钉卡槽不密贴，磨损进程间隙加大。正常安装线夹与故障线夹状态对比如图 3－19和图 3－20 所示。

(a) 正常状态

(b) 故障状态

图 3－19　U 形销入槽时状态

(a) 正常状态

(b) 故障状态

图 3－20　定位线夹状态

二、定位线夹U形销折断脱落

1. 故障概况

定位线夹U形销折断脱落。

2. 原因分析

由于定位线夹U形销在施工过程中受到损伤，在长期振动情况下，U形销在定位器线夹中间位置疲劳断裂，造成定位器本体从定位线夹处脱出，如图3－21和图3－22所示。

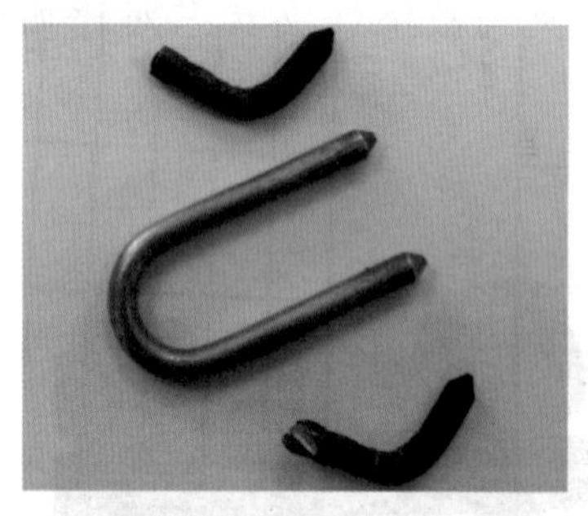

图3－21 折断的U形销

图3－22 遗留在接触线上的定位线夹

三、接触网中心柱定位异常磨损

1. 故障概况

四跨锚段关节结构，中心柱处定位器不受力，定位钩环连接处于自由状态，长期振动作用情况下，定位器与定位支座互磨，造成定位挂钩和定位支座异常磨耗严重，如图3－23所示。

2. 原因分析

四跨锚段关节中心柱处定位器，按照设计，ZF_3定位正好处于ZF_1、ZF_2的连线上，定位器处于水平不受力状态，有的处于受顶状态，在风振和动车组受电弓通过时接触线抬升及振动作用下，造成定位器挂钩与支座磨耗加大。

磨耗主要发生在定位器和定位支座受顶部位，由于受顶部位接触面积小、接触不紧密，在接触线上下左右活动时，受顶部分极易产生局部磨耗，如图 3－24 所示。

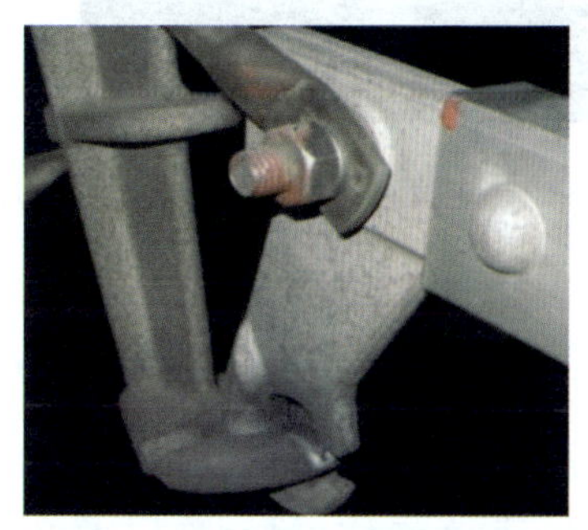

图 3－23　异常磨耗的接触网定位器支座

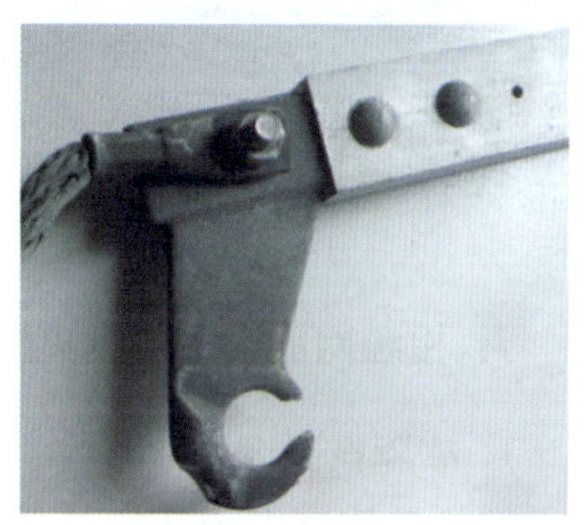

图 3－24　定位器挂钩在受顶部位磨损

四、接触网定位线夹防松失效脱落

1. 故障概况

定位线夹防松失效脱落。

2. 原因分析

定位线夹螺栓螺母处加装了防松锁片，螺栓长期振动情况下，螺母锁固片正常，但螺栓本体松动、脱出，定位线夹从接触线槽脱出，定位器脱落，与动车组受电弓发生撞击，造成受电弓前滑板脱落，定位器断裂，如图 3－25～图 3－28 所示。

图 3－25　折断的接触网定位管

图 3－26　破损的接触网定位器

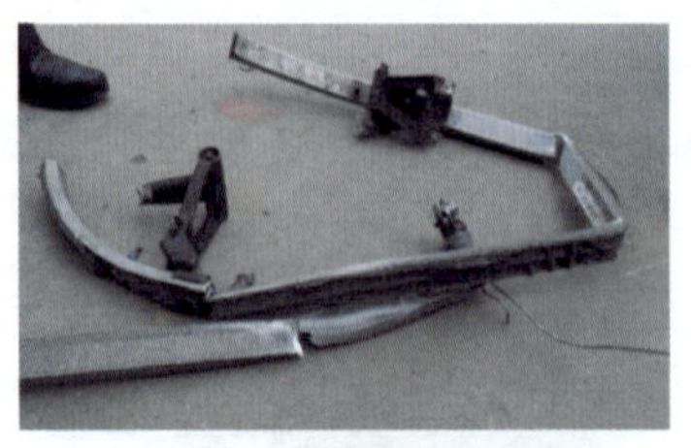

图 3－27　损坏的动车组受电弓滑板

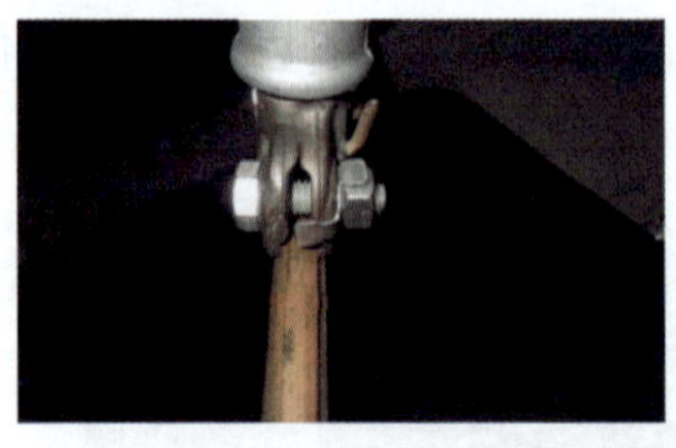

图 3－28　定位线夹螺母侧加装防松锁片

五、接触网锚支定位线夹脱槽

1. 故障概况

转换柱锚支卡子从定位线夹处脱槽，非支导线偏移，锚段关节参数超标，如图 3－29 和图 3－30 所示。

图 3－29　转换柱处锚支卡子抽脱

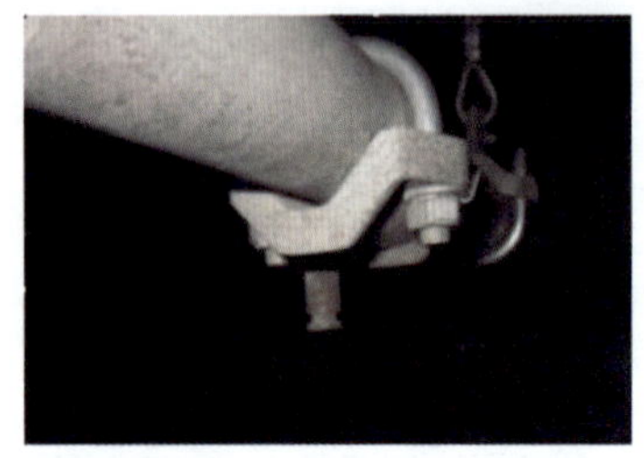

图 3－30　锚支定位线夹脱出

2. 原因分析

高速铁路导线张力较大(一般为 30 kN)，且在下锚转换柱处非支导线存在转角，此处受力较大，对安装工艺要求较高，该型锚支定位线夹易造成安装不到位，发生导线难以完全入槽或大张力条件下脱槽现象，如图 3－31 所示。

六、接触网保护线脱落

1. 故障概况

接触网保护线多次发生脱落，如图 3－32 和图 3－33 所示。

图 3-31　锚支定位线夹未完全入槽

图 3-32　保护线支座螺栓松脱

图 3-33　保护线鞍子从支座脱落后

2. 原因分析

该型保护线支座安装结构不合理，在高速铁路列车通过振动作用下，多次发生线索脱落故障，如图 3-34 所示。

七、接触网正馈线绝缘护套脱落

1. 故障概况

接触网正馈线绝缘护套脱落。

2. 原因分析

隧道口接触网正馈线上安装的绝缘护套外部绑扎带断裂，动车组进入隧道时产生较大气流，风动作用撕开绝缘护套端口，整根护套脱

(a) 改进前

(b) 改进后

图 3—34 保护线支座安装结构

落。脱落后的护套侵入运行动车组受电弓动态包络线，受电弓碳滑板受冲击从中间断裂成两段，弓头变形，同时使动车组司机室顶部划出一条长约 3 m 的划痕，如图 3—35 和图 3-36 所示。

图 3—35 遗留的绝缘护套

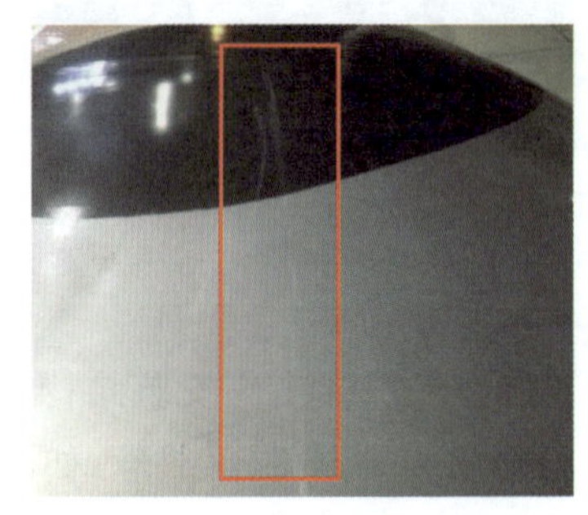

图 3—36 司机室顶部划痕

八、站区咽喉接触网定位环烧损

1. 故障概况

站区咽喉处，由于主导电回路存在迂回、分流，造成软索式硬横跨处接触网定位环与定位钩长期导流、放电，导致定位环烧穿，定位器脱落。动车组出站时，发生打弓故障，如图3—37和图3—38所示。

图3—37　动车组受电弓碳滑板断裂

图3—38　烧损定位环和定位器

2. 原因分析

由于软索硬横梁远离线岔电连接来电方向，动车组侧线取流时，主导电回路产生迂回，软索式硬横跨横索分流，定位环与定位钩长期导流、放电、烧穿，最终导致定位器脱落。

后期排查中，又发现其他车站同一原因导致的定位钩环、悬吊滑轮等11处烧损现象，如图3—39所示。

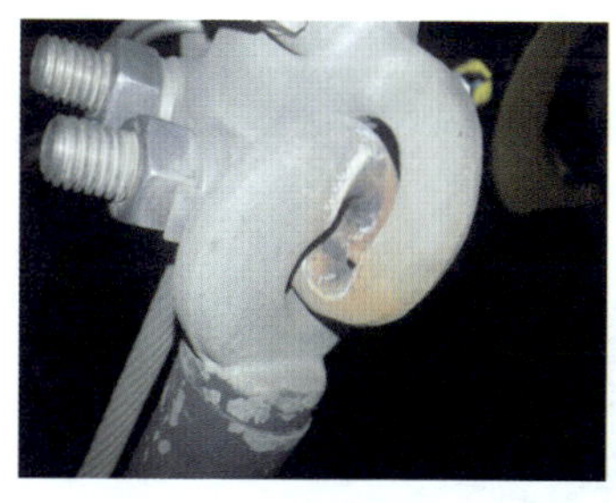

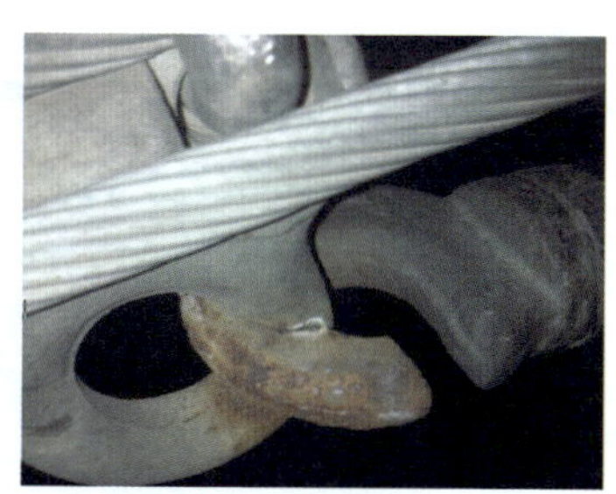

图3—39　定位钩环烧损

九、接触网弹性吊索折断

1. 故障概况

接触网弹性吊索在吊柱弹吊线夹内折断，弹性吊索垂落到接触线面以下，打坏两列动车组受电弓，引发弓网故障，如图3—40和图3—41所示。

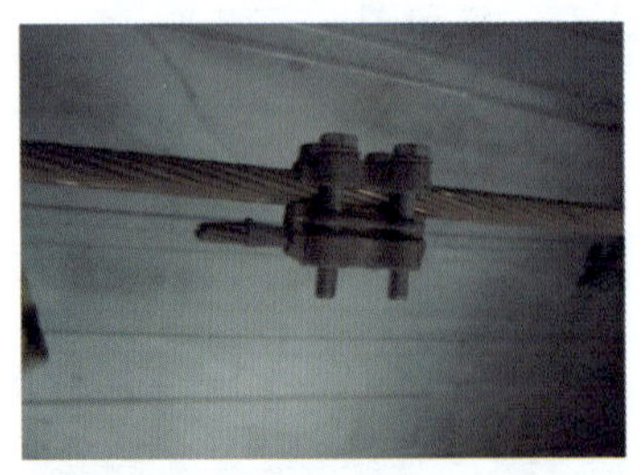

图 3－40　吊索折断

图 3－41　缠绕在受电弓上的弹性吊索

2. 原因分析

造成故障的原因为弹性吊索吊弦安装位置不当，根据设计安装要求，现场跨距为 45.2 m，应安装 14 m 长的弹性吊索，并在距离定位点各 4 m 处安装弹性吊弦，吊弦位置距弹吊线夹3 000 mm，而现场实际安装位置为 300 mm，造成弹性吊索在线夹处应力集中，长期振动造成弹性吊索(7 股镁铜合金绞线)在弹吊线夹边缘内侧 2 mm 处疲劳折断，如图 3－42 所示。

图 3－42　吊索断口截面 7 股为疲劳性断痕

十、隧道接触网倒立柱不锈钢直螺栓断裂

1. 故障概况

接触网吊柱平腕臂底座不锈钢螺栓断裂，造成平腕臂及定位管低

头，先后打坏两列动车组受电弓。

断裂的平腕臂底座固定螺栓材质为不锈钢 A2-70，螺栓规格为 M20 ×240 mm，螺栓表面和断口断面有明显锈蚀现象，如图 3—43 和图 3—44 所示。

图 3—43 螺栓断口断面明显锈蚀

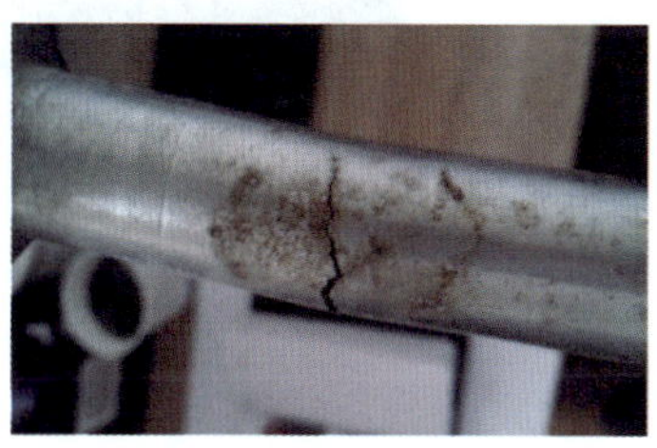

图 3—44 螺栓锈蚀和裂纹

2. 原因分析

直接原因是螺栓材质不良造成，由于不锈钢直螺栓发生锈蚀和产生裂纹，造成韧度降低发生断裂。同时，此次高速铁路故障应急处置方面存在以下问题：

(1)臆测动车组故障。在应急处置过程中，由于牵引供电系统未发生跳闸，应急指挥人员盲目臆测是动车组故障，对故障放松了警惕，致使整个故障应急处置发生偏离，为后续动车组再次发生弓网故障埋下隐患。

(2)动车组发生降弓换弓继续运行后，供电调度员及供电处应急指挥人员未及时安排供电应急值守人员添乘动车组或用其他方式检查确认设备，错过了查找故障的最好时机，致使后续第二列动车组正常速度运行通过故障地点，扩大了故障影响范围。

十一、接触网补偿棘轮销钉裂纹

1. 故障概况

接触网全面检查作业时，发现线锚棘轮与下锚底座连接的圆柱销钉端部存在裂纹，其中一个棘轮圆柱销钉通体存在贯通性裂纹，如

图 3－45 所示。

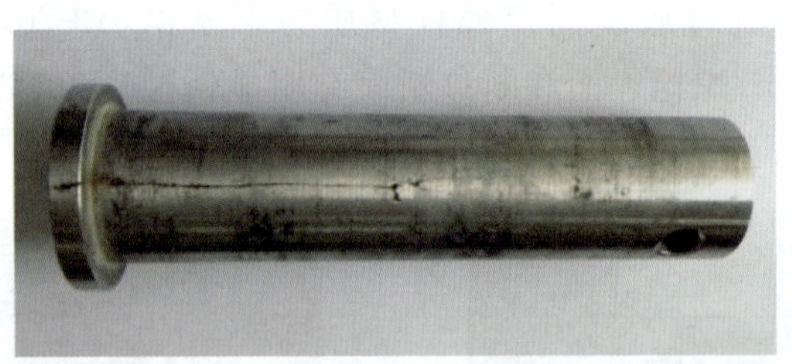

图 3－45　销钉上的通体裂纹

2. 原因分析

根据检测单位出具的销钉金相分析报告，认定有裂纹销钉存在严重的材质缺陷。钢基体中的 Cr 含量偏低，MnS 夹杂较多，且沿轴向分布，在剪切力作用下易形成微裂纹，如图 3－46 所示。

图 3－46　存在裂纹的销钉分段横切面分析

十二、保护线与正馈线间距不足放电

1. 故障概况

保护线与正馈线间距不足发生放电现象。

2. 原因分析

保护线与正馈线设计采用同杆对向下锚的安装方式，导致两线索跨中间距不足，大风线索摆动情况下易发生拉弧放电。大风恶劣天气下，该类型故障已在多条高速铁路线路发生，如图 3－47 和图 3－48 所示。

图 3－47　跨中间距不足

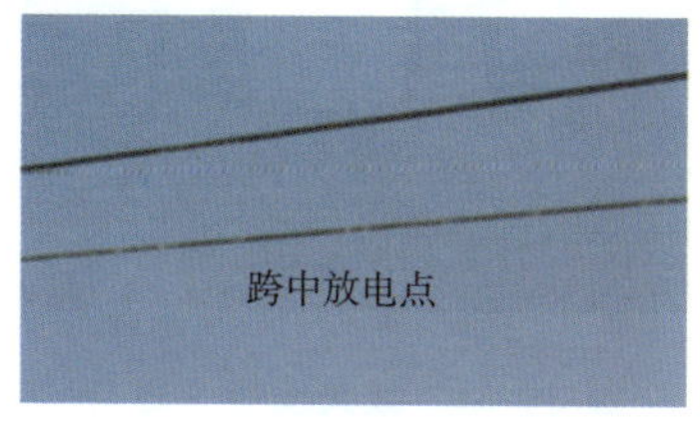

图 3－48　线索风摆时造成放电

十三、隔离开关设备烧损

1. 故障概况

隔离开关设备烧损。

2. 原因分析

(1)隔离开关设备线夹的安装存在不密贴(图 3－49)、接触面不足、铜铝过渡线夹使用不正确等问题，造成接触网主导电回路设备状态不良，在高速铁路大负荷、大牵引电流情况下，导致多处隔离开关触头烧毁、烧熔，如图 3－50 所示。

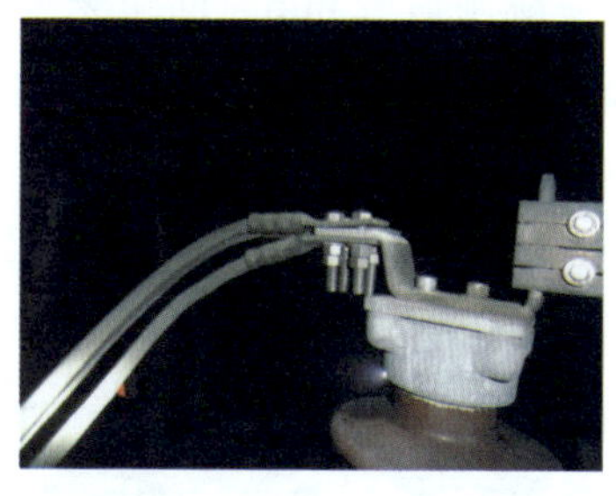
图 3－49　线夹安装不密贴

图 3－50　烧融的隔离开关触头

(2)接触网隔离开关产品质量不良，隔离开关触头及导电杆出现多起烧损，如图 3－51 和图 3－52 所示。

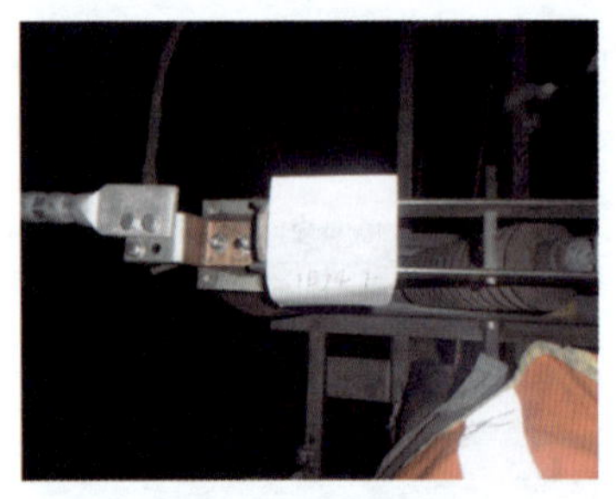

图 3—51 线夹安装孔数与隔离开关不匹配

图 3—52 隔离开关导电杆烧损熔化

十四、隧道口藤蔓烧断承力索

1. 故障概况

藤蔓悬于隧道口端墙，搭接接触网放电，导致承力索烧断，后续电力机车通过时发生钻弓故障，造成 7 个跨距 350 m 接触网设备受损，如图 3—53 所示。

2. 原因分析

因为接触网吊弦距离烧断点较近，烧断的承力索拉在接触线上未接地，变电所跳闸重合成功，由于当班值班员脱岗，未及时发现并报告供电调度人员及供电车间跳闸信息，致使跳闸后42 min时间里未安排接触网工区出动巡视检查，错过发现故障点及防止事故范围扩大的机会，如图 3—54 所示。

图 3—53 隧道口侵界的藤蔓植物

图 3—54 隧道口折断的接触网支柱

后期恢复过程中，由于未在故障区段设置升降弓标志，列车运行至事故区段时，因降弓不及时，再次发生弓网事故，导致新组立临时支柱被拉倒，承力索、接触线再次断线。

十五、供电设备刮蹭列车

1. 故障概况

接触网钢柱倾斜、双线路腕臂及定位装置刮蹭通过的列车，中断线路上下行正常供电行车，如图 3—55 所示。

2. 原因分析

现场倾斜变形的接触网支柱属于临时过渡支柱，设备管理单位在没有接到设计单位正式安装图情况下，便组织腕臂安装施工，在设计 6.5 m 双线路腕臂不能满足要求的情况下，依据图纸臆测施工，将腕臂变为 13 m，腕臂负荷超出设计规范，造成钢柱主角钢在双线路腕臂安装处发生折弯变形，并向线路侧倾斜，吊柱处定位装置变形侵限刮碰列车，如图 3—56 所示。

图 3—55　折弯变形的接触网钢支柱

图 3—56　双线路腕臂刮蹭列车

十六、正馈线绝缘子遭雷击引发故障

1. 故障概况

接触网馈线绝缘子遭雷击炸裂，馈线脱落后与保护线接触短路。同时，保护越级跳闸，故标装置不能启动，故障报告不输出，调度员误判为所内故障，倒回路切换变压器 11 min 后，再次越级跳闸。在接到联防人员反映有线索脱落后，巡视人员发现车站馈线肩架绝缘子折断，在启动打开 W02F 开关，切除馈线方案时，隔离开关远动操作失效，最后人员上线操作，打开开关，切除馈线，恢复供电。整个过程中断供电 91 min，如图 3－57 和图 3－58 所示。

图 3－57 雷击炸裂的正馈线绝缘子

图 3－58 脱落的接触网正馈线

2. 原因分析

(1)馈线遭雷击短路后，变电所综自模块损坏，馈线保护回路失效，造成越级跳闸。

(2)隔离开关附近雷击时，机构箱内操作电源空气开关跳闸，导致远动操作拒动。

(3)隔离开关未能实现运行状态全面远方监控功能，出现问题后不能及时判断故障类型和性质。

(4)隔离开关箱内电路复杂，RTU 箱与机构箱电路相互影响，各个隔离开关的电源相互串接，扩大了故障概率和故障影响面。

十七、变电所二次回路烧损故障

1. 故障概况

变电所二次回路烧损，如图 3－59 所示。

2. 原因分析

接触网 V 形天窗作业，供电调度人员操作打开分区所 322 断路器，实行上下行供电臂解环，调度端显示 322 断路器已断开，但实际

322 断路器高压触头没有打开。

图 3－59　烧　　毁

322 断路器绝缘拉杆与真空灭弧室之间联结的行程调节螺栓旋进不足(只有 1 cm),造成断路器多次操作后螺栓滑丝,绝缘拉杆从联结螺栓处脱落,当日天窗作业,调度操作断开 322DL 时,操作机构正常动作,但真空泡内主回路触头未分开,断路器电路实质未断开,如图 3－60所示。

图 3－60　行程调节螺栓旋进不足出现滑丝脱落

供电调度人员在断开变电所 215、2151 开关,合 3151 接地开关后,216 馈线通过分区所、215 馈线和 3151 接地开关形成接地短路。构成接地短路后,216 馈线保护又未能实现可靠动作及时切断短路电流,较长时间短路通流造成 3151 接地引下线与地网焊接处,2151、

3151开关操作机构箱串入高压大电流，并通过二次控制电缆串进馈线侧其他隔离开关操作机构箱及主控室直流馈出开关屏，直流馈出开关屏及2号馈线保护屏设备受到不同程度的烧伤、烧毁，造成了整个直流系统设备故障，变电所内二次保护设备全部瘫痪，设备失去保护，直至越级，加重烧损。

十八、变电所牵引变压器烧损故障

1. 故障概况

220 kV牵引变电所为执行检修任务，将2号、4号变压器由备用转主用，运行2 h 9 min后，2号主变压器差动速断、重瓦斯、轻瓦斯、油位、温度Ⅰ段等保护相继动作，2号主变压器断路器分闸，3号主变压器自投，同时2号变压器本体及高压套管起火，发现火情后，及时切断其他运行设备电源，组织灭火，1 h 51 min后扑灭火情，如图3－61所示。

图3－61 烧损的2号变压器本体

2. 解体检查试验

(1)开箱检查：吊开牵引变压器箱盖时，可以看到高压A套管升高座附近的箱盖内侧有熏黑痕迹，如图3－62和图3－63所示。

牵引变压器身上部、夹件、引线及无载开关均完好，没有发现故障点，牵引变压器身依然紧固，没有任何松动变形迹象。高压A套管下方的器身(上压板、无载开关、引线)上散落了大量套管炸裂所产生的碎瓷片、铝屏及绝缘纸残骸，最远的铝屏残骸距高压A套管中心约有

1.2 m，如图 3－64 和图 3－65 所示。

图 3－62　牵引变压器封样，等待拆卸

图 3－63　拆卸箱盖

图 3－64　高压侧器身上套管残骸

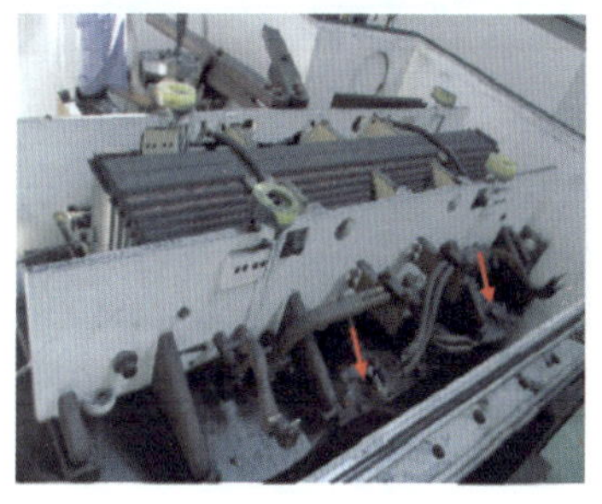

图 3－65　低压侧器身上套管残骸

(2)器身起吊：将牵引变压器身吊出油箱，可以看到器身下部、夹件、引线及无载开关均完好，通过外观检查没有发现任何故障迹象。

牵引变压器油箱内壁上未发现任何放电痕迹，高压侧无载开关下方油箱底部区域有大量套管炸裂所产生的碎瓷片、铝屏及绝缘纸残骸，如图 3－66 所示。

(3)器身检查：牵引变压器身完整，线圈出头连接未见松动，器身压脚垫块无移位，压板与公共端圈无位移变形，开关端子上的引线连接无松动，开关无放电痕迹，如图 3－67～图 3－70 所示。

图 3－66 油箱中的套管铝屏及绝缘纸残骸

图 3－67 压脚垫块无位移

图 3－68 压板与端圈无位移变形

图 3－69 开关端子连接无松动

图 3－70 开关无放电痕迹

(4)电压比和直流电阻试验：试验人员对牵引变压器的电压比和直流电阻进行测量试验，测量结果与出厂试验数据基本吻合，由此排除线圈内部短路故障的可能性。

(5)套管及升高座检查:高压A、X套管上部瓷套均破碎脱落。高压X套管油中部分的瓷套完好,套管安装法兰无位移;高压A套管油中部分的瓷套已完全破碎脱落,电容芯子的绝缘纸已严重碳化,套管安装法兰发生位移,如图3－71和图3－72所示。

图3－71　高压A套管电容芯子

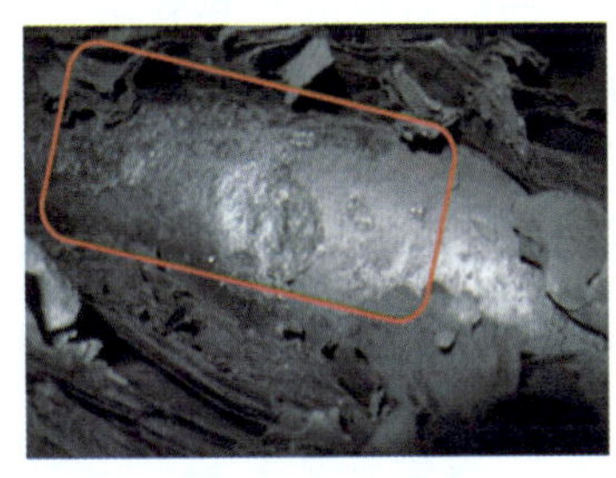

图3－72　高压A套管中心管放电熔痕

(6)器身解体检查:器身干燥后,拆除上铁扼,吊出线圈进行独立检查。所见线圈无变形,线圈垫块无松动,线圈撑条无移位,线圈的出头绝缘无破损,线圈导线无放电痕迹,线圈端部绝缘完整。铁芯柱竖直无偏移,其外围撑条整齐无错位,无载开关连接端子无放电痕迹。

3. 原因分析

综合现场勘查,此次牵引变压器短路故障并非来自线圈、器身、引线、无载开关、油箱或套管升高座。

故障发生时有清晰爆炸声,综合解体试验,推断本次牵引变压器短路故障是由高压A套管的内部故障引起的,套管下部油中电容芯子放电进而发生爆炸是故障起始点。爆炸使下部电容芯子产生一道由里向外的纵向切口,巨大的冲击力使套管下部瓷套和电容芯子(铝屏及绝缘纸)爆裂,并使其残骸向四周扩散,从而散落于整个油箱内;巨大的爆炸冲击力向下挤压套管均压球,使其撕裂并脱离套管本体,进而滑落到高压引线上;套管下部瓷套爆裂后,套管内部的机械压紧力迫使套管内部电容芯子整体上冲,并最终导致套管中心管对套管法兰内壁放电。

高压A套管爆炸时油箱内的压力剧增使其附近的箱沿联结螺栓绷断，箱盖被掀开，箱沿密封失效。另外，高压A套管下部瓷套爆裂，内部电容芯子整体上冲，也使套管法兰处密封失效。变压器油从密封失效的油箱箱沿和套管法兰处溢出，空气随之侵入油箱和升高座内部。套管中心管对法兰内壁的放电电弧引燃闪点为144 ℃的绝缘油，导致起火，火势顺着外泄的变压器油迅速蔓延至油箱外部，并最终引发2号牵引变压器的外部起火。

十九、β销变形脱落导致接触网打弓故障

1. 故障概况

动车组受电弓被打脱，接触网T73和T75定位管、定位器被打落，停电1 h 24 min，如图3—73所示。

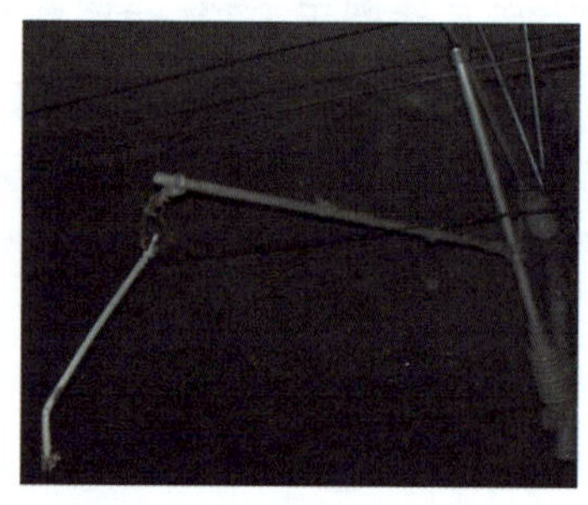

图3—73 打落的定位管、定位器

2. 原因分析

(1)施工安装工艺不规范，施工时人为外力过分掰开β销，破坏了β销的弹性，导致β销不能满足弹力夹紧销钉的要求，如图3—74和图3—75所示。

(2)对设备零部件的细节重视不够，前期介入、设备验收及设备平推整治中对各类开口销、β销的状态检查没有明确规定。

(3)β销弹力失效脱落是造成此次弓网故障的直接原因。

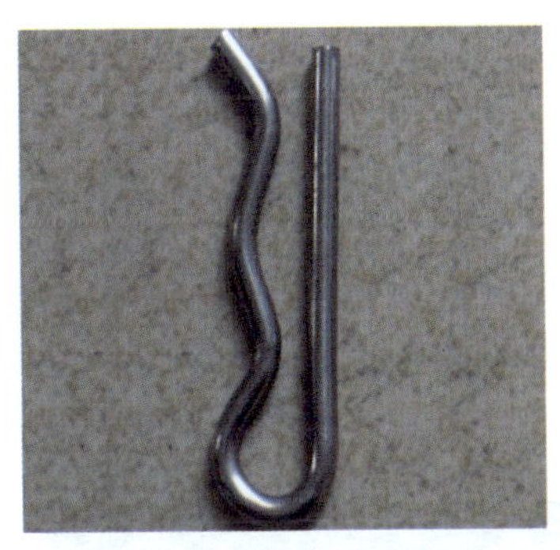

图 3—74　β销

图 3—75　β销松脱处

二十、隧道吊柱斜撑脱落接地故障

1. 故障概况

隧道吊柱斜撑脱落接地。

2. 原因分析

吊柱斜撑下端耳与斜撑本体只进行了点焊，没有一圈连续封闭的满焊（虚焊），造成下端耳与斜撑本体断开分离，斜撑本体下端脱落搭至正馈线上，导致正馈线接地，如图 3—76 和图 3—77 所示。

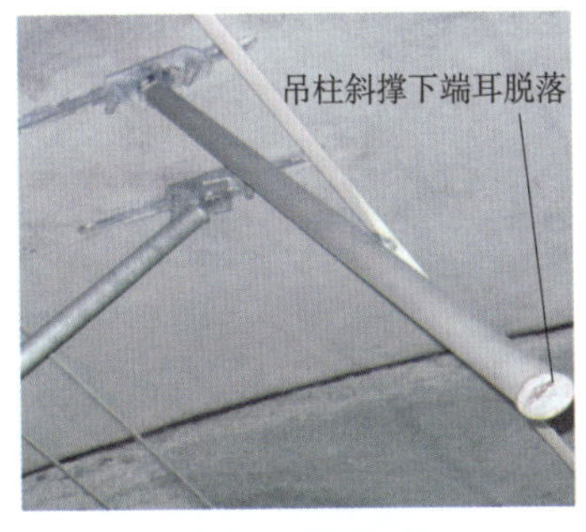

图 3—76　吊柱斜撑

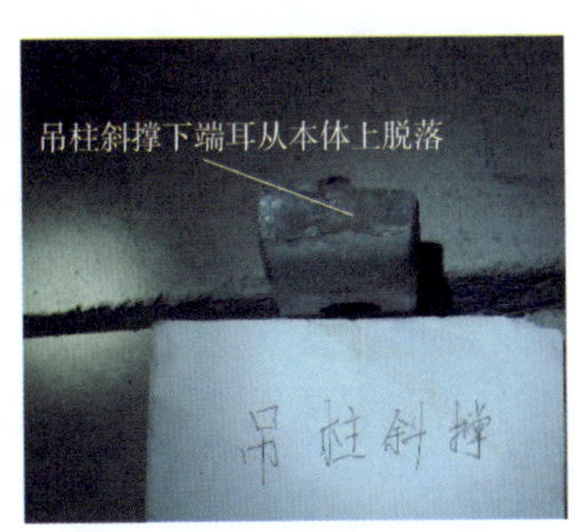

图 3—77　脱落位置

二十一、定位器脱落打弓故障

1. 故障概况

定位器脱落故障，动车组受电弓受损。

2. 原因分析

直接原因是定位线夹受力面断裂后引起定位器脱落打弓。间接原因是没有按照施工工艺安装，定位器螺栓紧固力矩超标，如图3—78和图3—79所示。

图3—78 定位器脱落位置

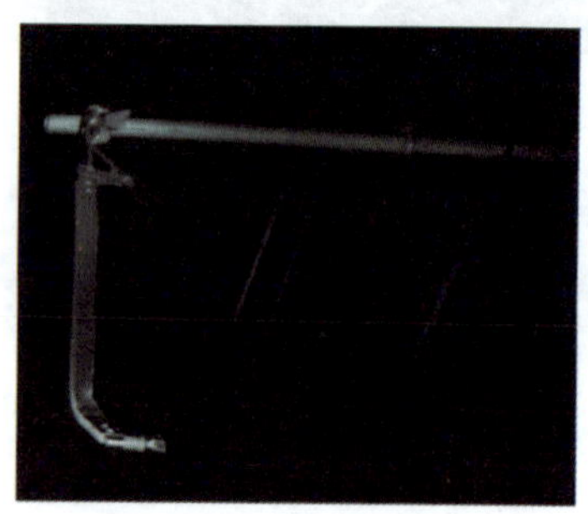

图3—79 定位器脱落

二十二、弹性吊索折断故障

1. 故障概况

弹性吊索折断，发生弓网故障，导致接触网停电237 min，影响下行动车组44列、上行动车组19列，停运2列，严重影响高速铁路运输秩序，如图3—80所示。

2. 原因分析

(1)弹性吊索的整体吊弦安装位置应在距吊索线夹3 000 mm处，实际只有280 mm。因为距离太近，接触网振动引起吊索线夹处的反复弯曲程度加大，非正常的交变应力致使非正常的疲劳折断。

(2)检查维护不认真，对施工安装标准误差没有检查确认，对非正常的振动认识不足。

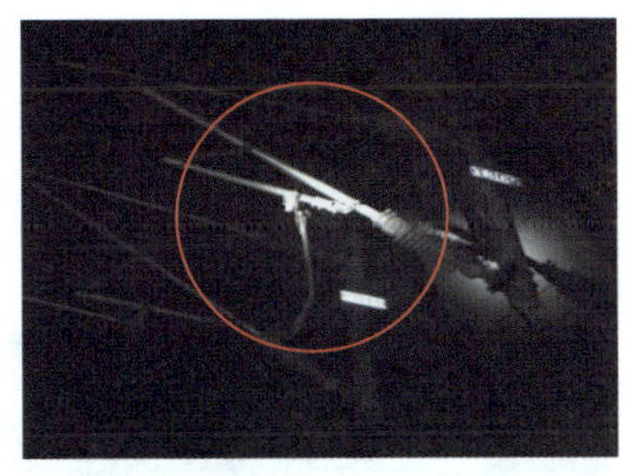

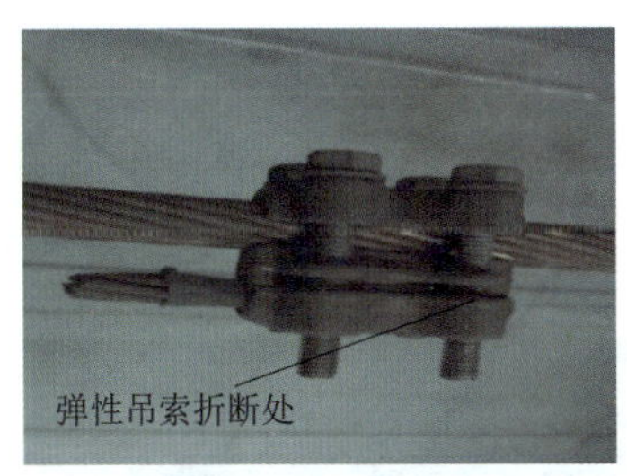

图 3—80　弹性吊索折断位置

二十三、中心锚结松脱故障

1. 故障概况

接触线中心锚结绳脱落，与通过的动车组发生弓网故障，如图 3—81 所示。

图 3—81　开　　裂

2. 原因分析

接触线中心锚结绳因接触线中心锚结线夹材质问题发生开裂、脱落，中心锚结绳刮上高速通过的动车组受电弓，引发弓网故障。

二十四、线岔交叉吊弦烧断故障

1. 故障概况

交叉吊弦烧断，动车组通过时造成变电所 213、214 馈线跳闸，重合成功，如图 3－82 和图 3－83 所示。

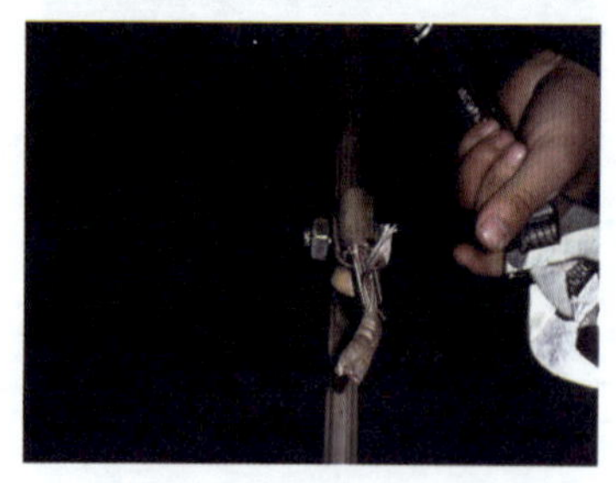

图 3－82 烧伤痕迹

图 3－83 鸡心环烧断

2. 原因分析

被烧断的吊弦为无交叉线岔交叉吊弦（悬吊方式为正线接触线对侧线承力索），电连接安装在线岔的闭口侧，由于承力索固定端 C 型绝缘滑块旋转偏移（绝缘不良），导致承力索吊弦线夹与承力索接触，绝缘滑块功能失效，当该供电臂有动车组取流时，此交叉吊弦相当于电连接的作用，因其属非固定的接触，且截面远小于正式的电连接线，长时间电气烧伤熔断，如图 3－84 所示。

图 3－84 烧断吊弦

二十五、吸上线安装错误致保护线保护条烧伤

1. 故障概况

司机发现运行左侧接触网馈线冒火花，通过天窗检查发现921号支柱处保护线与支柱连接处烧伤，如图3－85和图3－86所示。

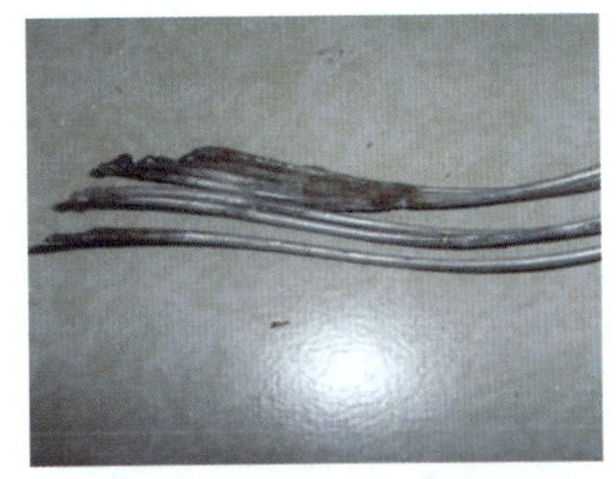

图3－85　保护条烧伤

图3－86　保护线过流烧伤

2. 原因分析

吸上线安装方式不正确，没有直接与保护线连接，而是直接与钢柱连接(图3－87)，当吸上线通过吸上电流时，电流通过钢柱、保护线安装底座、保护线预绞式保护条至保护线，保护线安装底座与保护线间属于机械连接，不是规范的电气连接，因接触电阻大造成保护线保护条烧伤断线。

图3－87　吸上线仅连接至钢柱

二十六、动车组不断电过分相烧断接触线、承力索故障

1. 故障概况

变电所分相处非支承力索、接触线断线接地，造成变电所211、213断路器跳闸，重合闸不成功；211断路器强送成功，213断路器强送不成功，停电182 min，如图3－88和图3－89所示。

图3－88　烧伤痕迹

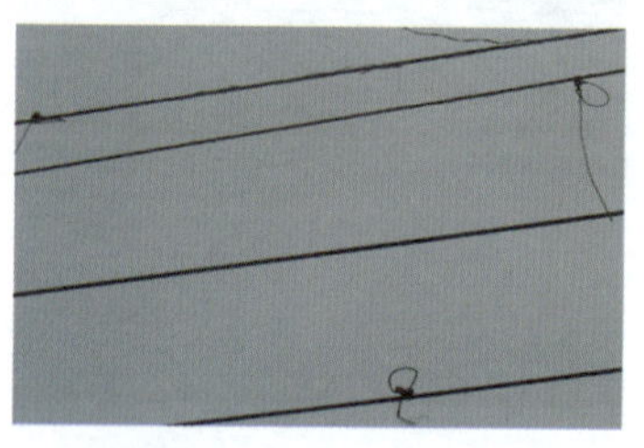

图3－89　吊弦下部烧断

2. 原因分析

(1)根据跳闸数据及现场情况分析，判断为相间短路。

(2)通过对动车组过分相的主断分合的时间判断，动车组过分相时未断开主断路器。

(3)车载ATP中的分相数据与现场实际不一致。

二十七、电缆中间头炸裂及电缆烧断故障

1. 故障概况

变电所212断路器跳闸，重合闸不成功；接触网通过联络开关迂回供电成功，停电11 min。故障造成211、212馈线共6根正馈线电缆全部烧断，12根回流电缆外皮烧熔；电缆沟另一侧其他回路的8根供电线电缆外皮烧损，每根电缆受损长度达16 m，如图3－90所示。

2. 原因分析

(1)电缆头的设计选型存在缺陷，没有充分考虑防水措施。

图 3—90　馈线电缆损伤

(2)电缆中间头制作工艺存在问题，施工损伤严重，电缆本体存在很多破损点，容易进水。

(3)电缆运行环境差，电缆沟内长期存在积水现象。

(4)故障点处于 212 馈线的近端，212 跳闸后，故障点经分区所迂回至 211 断路器，相当于 2 个供电臂长度，加之属电弧接地的高阻抗，没有达到 211 断路器的过电流整定值，直到 212 断路器跳闸后将近 3 min，持续的电弧烧穿同沟敷设的 211 馈线电缆，才引起 211 断路器跳闸，这也是大面积烧伤电缆的直接原因。

二十八、电缆头炸裂及开关不定态故障

1. 故障概况

分区所上网电缆终端头伞裙末端处击穿炸裂，变电所 211 断路器跳闸重合失败。因故障发生在天窗点结束与动车组开行之间，没有对行车造成影响，如图 3—91 所示。

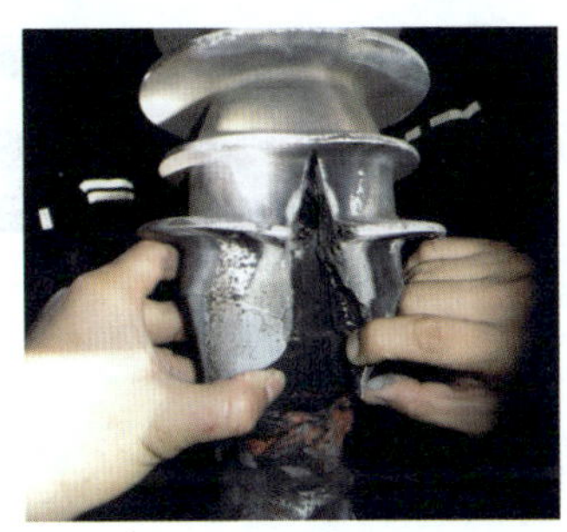

图 3—91　电缆头炸裂

2. 原因分析

(1)施工单位制作电缆时没有按照工艺施工,是导致电缆头炸裂的直接原因。

(2)由于网开关控制电源 220 V 电缆与故障 27.5 kV 电缆是同路径同沟敷设,当电缆故障时,对低压电缆产生感应过电压,使分区所内供网开关 3741、304、3721 网开关操作及通信箱 220 V 电源跳闸,同时烧坏通信箱的浪涌保护器,导致远动无法操作。

二十九、正馈线与保护线间放电故障

1. 故障概况

变电所 213、214 断路器先后连续跳闸 6 次,故标均显示在 K25+900 处。其中 213 断路器跳闸 5 次重合闸不成功,强送成功;214 断路器跳闸 4 次,3 次重合闸成功,1 次强送成功。

2. 原因分析

故障点处于桥头风口位置,正馈线弛度增大,在大风的作用下摆动,导致正馈线与保护线安全距离不够,造成间歇性短路放电。

三十、隧道口绝缘距离不足

1. 故障概况

变电所 213 断路器跳闸,重合闸成功;214 断路器跳闸,重合闸不成功;供电调度人员强送 214 断路器成功,如图 3－92 所示。

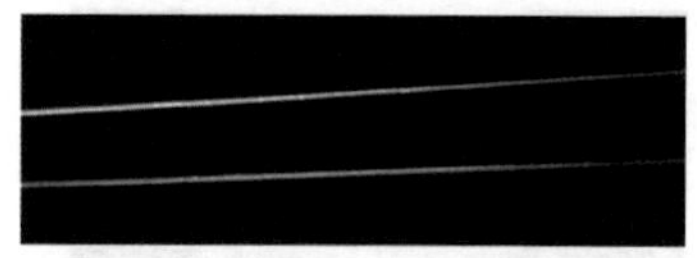
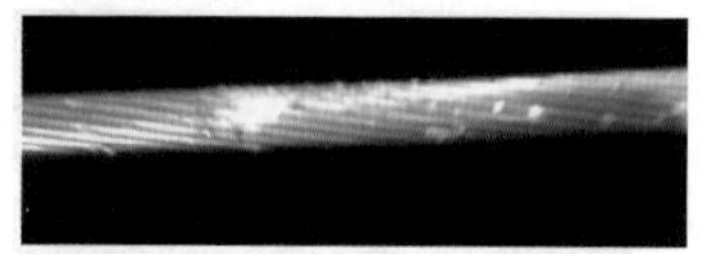

图 3－92 线索多处放电痕迹

2. 原因分析

故障点处于隧道口,正馈线存在较大弛度,在当日异常天气情况下,受异常大风影响导致两线动态间隙不足造成放电,导致跳闸。

三十一、补偿卡滞导致中心锚结绳打弓故障

1. 故障概况

动车所检查时，发现动车组后弓（南端）北头碳滑板异物打击，打击点位于受电弓中部靠西侧 20 mm 处，打击范围为距离碳滑板顶面 25 mm，宽度约 30 mm。

2. 原因分析

因 1244 号接触线棘轮补偿装置卡滞，接触线补偿装置不能正常对接触线张力补偿，导致该锚段接触线成为半补偿（南侧卡滞形同硬锚），中心锚结处接触线整体往北偏移120 mm，中心锚结绳以南张力不够，松弛严重，受电弓通过时抬升量增大，中心锚结绳侵入接触线下方打弓，如图 3—93 和图 3—94 所示。

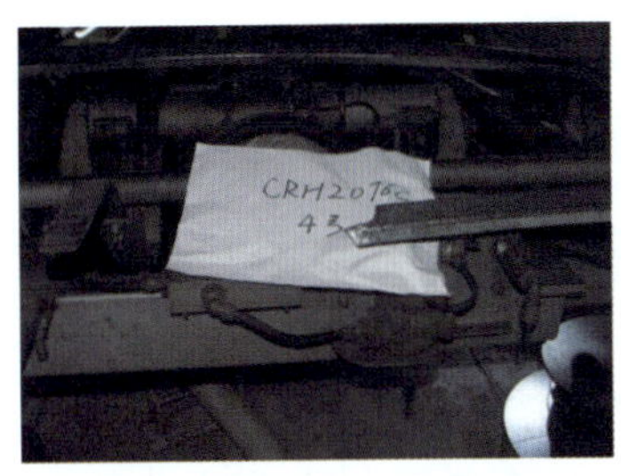

图 3—93 受电弓损坏

图 3—94 棘轮磨痕

三十二、分段绝缘器打弓故障

1. 故障概况

动车组受电弓的碳滑板被打，如图 3—95 所示。

2. 原因分析

在调整 114 号无交叉线岔侧线抬高时，导致相邻的 114～118 号分段绝缘器出现 1 mm 的正弛度，在进行分段绝缘器负弛度调整时，作业人员未能做到“人”字吊弦的同步抬升，致使两侧的导流滑道不水平，而在后续的导流滑道水平调整时，不是通过“人”字吊弦来调节，而

是错误的通过调整导流滑道的高低来满足，破坏了导流滑道与绝缘棒高差的相对位置，违反了调整程序，如图3—96所示。

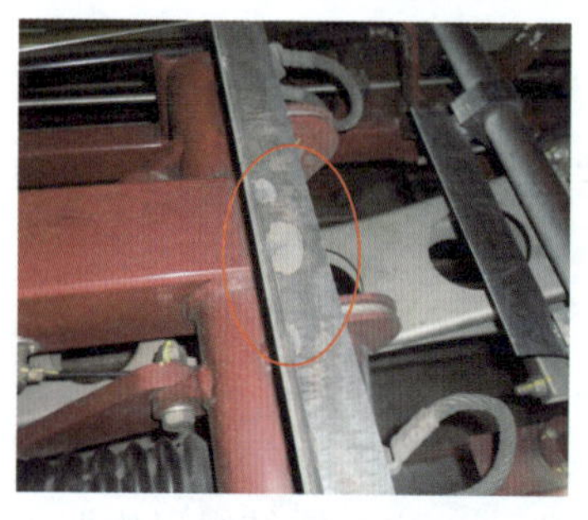

图3—95 碳滑板被打

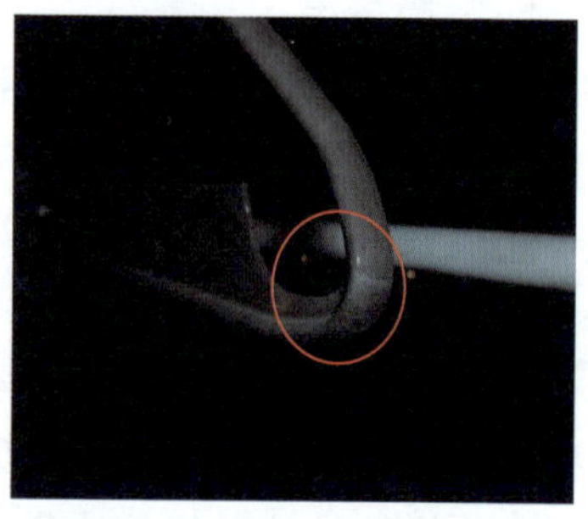

图3—96 分段长铜滑条撞击点

三十三、供电线断线故障

1. 故障概况

变电所211、212、215断路器跳闸，重合闸不成功。巡视人员发现开闭所292供电线断线，后将开闭所292供电线甩开，切除故障点并恢复供电。

2. 原因分析

施工单位在吊装预制桥梁步行板时，汽车吊臂侵入292供电线，造成供电线烧断，引起变电所211、212、215断路器跳闸，如图3—97所示。

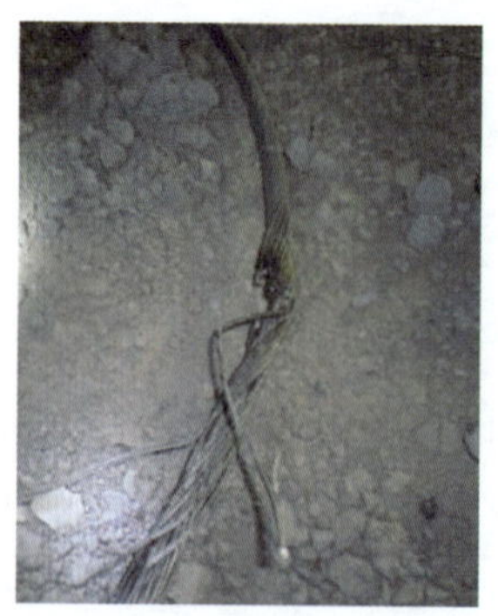

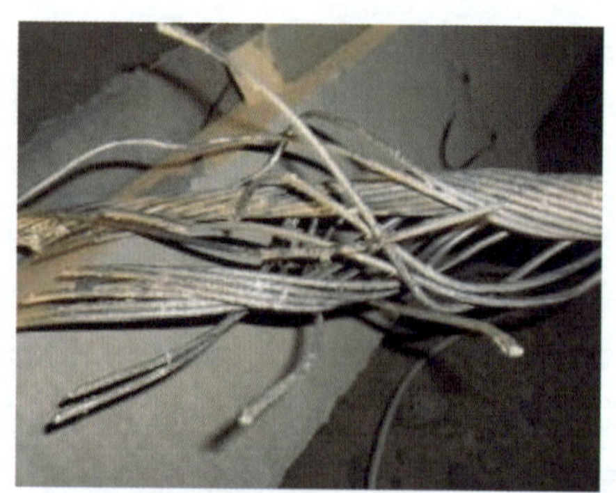

图3—97 断落的供电线

三十四、站场承力索断线故障

1. 故障概况

变电所 215 馈线跳闸重合闸失败。

2. 原因分析

在天窗未给点情况下，因物业施工人员擅自提前施工，在顶棚设备夹层进行空调风管维修作业，由于施工电源电缆从隔栅间掉落在 186 号承力索上，导致短路接地跳闸，并烧断承力索，如图 3－98 所示。

图 3－98　烧伤顶棚设备夹层隔栅

三十五、站台雨棚吹落造成接触网停电故障

1. 故障概况

因大风天气导致雨棚彩钢瓦片脱落挂在承力索上，造成变电所 211 跳闸，重合不成功，后经抢修对异物进行拆除并恢复送电，如图 3－99 和图 3－100 所示。

2. 原因分析

大风天气导致站场雨棚被刮翻并掉落在 3 道接触网承力索上。

图 3—99 脱落彩钢瓦片

图 3—100 故障位置示意

三十六、异物坠落烧断接触网正馈线故障

1. 故障概况

折断的树枝落在隧道口跨距间接触网悬挂及正馈线上，导致正馈线烧断，变电所 211、212 馈线跳闸，211 馈线重合闸成功，212 馈线自动重合闸不成功，上行线接触网停电 114 min，如图 3—101 和图 3—102 所示。

图 3—101 折断的树枝

图 3—102 故障位置示意

2. 原因分析

因故障的前一天，某单位在隧道北口上方砍树，未完全砍断的树枝在风的作用下折断落到接触网悬挂及正馈线上，造成接触网悬挂与正馈线之间短路、烧断。

三十七、动车组受电弓不良引起弓网故障

1. 故障概况

动车组从××站5道发车后运行至10号道岔(133～135号杆)时将线岔处交叉吊弦刮断,同时导致变电所213、214馈线跳闸,214馈线重合闸成功,213馈线重合闸不成功。现场抢修人员配合动车组司机对受电弓进行处理,同时将刮断脱落的交叉吊弦取下,送电成功。

2. 原因分析

受电弓右支撑连接处断裂,运行到133～135号杆时,平衡杆折断上翘,将接触网交叉吊弦刮断,引发弓网故障,如图3－103和图3－104所示。

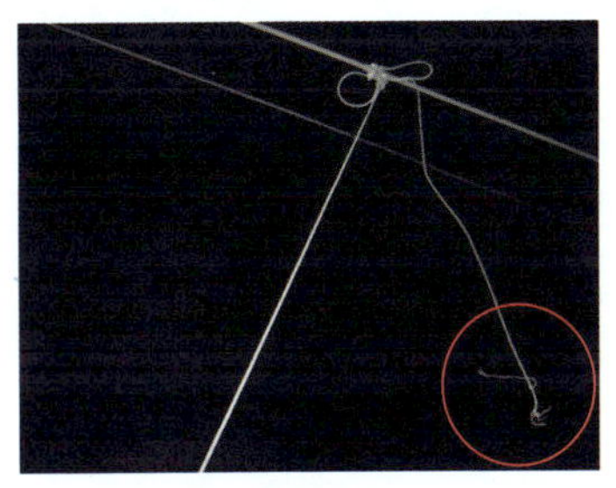

图3－103　刮断的交叉吊弦

图3－104　断裂平衡杆

三十八、隧道接触网跳闸故障

1. 故障概况

牵引变电所211断路器阻抗Ⅰ段保护动作跳闸,自动重合成功;212断路器阻抗Ⅰ段保护动作跳闸,自动重合不成功;类型为上行馈线故障。

2. 原因分析

经现场查找,距隧道××侧入口4 105 m、出口3 855 m处,隧道拱顶接缝部位有漏水形成的冰锥,冰锥尖部较粗,不符合自然流淌后由

于气温降低所形成的椎体,疑是放电将冰锥击断,又有漏水流下形成,如图 3－105 所示。

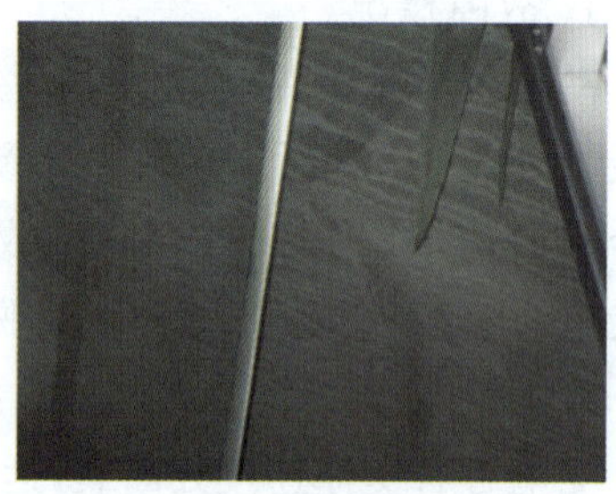

图 3－105 冰 锥